MI VOLUNTAD

EL DESEO DE VOLVER A CAMINAR

EDICIONES UNIVERSIDAD CATÓLICA DE CHILE
Vicerrectoría de Comunicaciones
Av. Libertador Bernardo O'Higgins 390, Santiago, Chile

editorialedicionesuc@uc.cl
www.ediciones.uc.cl

MI VOLUNTAD
El deseo de volver a caminar

María Angélica Fellenberg Plaza

ISBN N° 978-956-14-2886-7
ISBN digital N° 978-956-14-2887-4

Ilustración portada: Pablo Fellenberg Ferraris
Diseño: Francisca Galilea R.

CIP-Pontificia Universidad Católica de Chile
Fellenberg Plaza, María Angélica, autor.
Mi voluntad: el deseo de volver a caminar / María
Angélica Fellenberg.
1. Personas con discapacidad – Rehabilitación – Chile.
2. Ancianos – Salud e higiene – Chile.
I. t.
2021   362.40983+DDC23   RDA

____

Obra realizada con el aporte de la Dirección de Artes y
Cultura, Vicerrectoría de Investigación de la Pontificia
Universidad Católica de Chile

MI VOLUNTAD

EL DESEO DE VOLVER A CAMINAR

María Angélica Fellenberg Plaza

EDICIONES UC

AGRADECIMIENTOS

Quiero agradecer muy sinceramente a todo el personal médico, paramédico y de neurorrehabilitación de la clínica y de la empresa de hospitalización domiciliaria que atendió a Germán. Sin la ayuda de cada uno de ustedes, él no estaría vivo ni caminando. Este aporte muchas veces fue más allá de lo estrictamente profesional, cruzando la línea de lo "que correspondía". Por humanidad se dieron el todo por el todo al ver que Germán tenía la garra y la fuerza de seguir adelante.

También quiero agradecer a la familia y amigos de Germán, la Ame y sus hijos, por la constante preocupación y muestras de apoyo durante su enfermedad.

*Dedicado a todos los Germanes
(hombres y mujeres)
que están por ahí
y que solo necesitan apoyo
para seguir sus sueños,
a pesar de su avanzada edad.*

ÍNDICE

Germán corría tanto como sus piernas se lo permitían. Tenía miedo de tropezarse y que cayeran sobre él los perros que sentía a lo lejos. Había tenido suerte de escapar, pero no podía pensar en eso ahora. Solo tenía que lograr llegar a un escondite, pero ¿dónde? Él no conocía estas tierras. Mientras descansaba y tomaba un leve respiro, levantó la vista y, a lo lejos, vio dos volcanes. Uno de ellos claramente estaba activo, pues se veía una gran fumarola entre gris claro y gris oscuro que se levantaba con fuerza hacia el cielo. El viento en las alturas iba desplazando el humo dibujando una gran pluma que teñía el azul del cielo con formas distintas. Al mirar hacia la izquierda, se podía observar otro volcán que no despedía humo, por lo que probablemente no estaba activo. Su forma era casi perfecta, y en sus laderas se apreciaban tupidos y verdes bosques que contrastaban con las nubes que se formaban en su parte superior. "Si pudiera llegar a la base de uno de esos volcanes, tal vez podría encontrar una cueva o algún lugar para esconderme", pensaba esperanzado. Todo estaba en su contra, no conocía el terreno, no entendía por qué estaba ahí y menos por qué lo tenían secuestrado. Reemprendió su rumbo y siguió corriendo, no supo por cuánto tiempo, pero debe haber sido por horas. De a poco los gritos de quienes lo perseguían y los ladridos de los perros empezaron a quedar atrás y pudo tomar un poco de aire. Sí, eso es lo que necesitaba: respirar y aclarar su cabeza. Los últimos acontecimientos habían sido muy confusos y ya no podía correr más.

Se detuvo por completo, se quedó en silencio tanto como pudo y trató de oír a sus perseguidores. Dio un suspiro de alivio y satisfacción cuando se percató que ya no los oía. Parece que los había perdido. ¡Qué buena noticia!, se sentó en la tierra a la sombra de un árbol y examinó su situación, la que todavía no comprendía muy bien. ¿Cómo era posible que a sus setenta y nueve años tuviera que correr para escapar? ¿Dónde estaba? No reconocía para nada el lugar. ¿Cómo había llegado ahí? Las preguntas se arremolinaban en su cabeza. Tenía que pensar y entender qué había pasado. Siguió atento a escuchar algún ruido, pero nada. Todo parecía indicar que sus captores habían desistido de perseguirlo.

Según recordaba, todo había partido hace dos días. Dormía como de costumbre y se despertó en otro lugar. Estaba en una cama, amarrado, en un galpón húmedo y caluroso. Había poca iluminación, solo algunos rayos de sol que se colaban por unas rendijas. No tenía hambre, lo que era extraño en él. Estaba sorprendido, ¿por qué estaba amarrado en esa cama? Estaba tratando de entender, cuando apareció un hombre, de unos cuarenta años y le dijo algunas cosas que no entendió. Sin comprender aún lo que le decía, lo observó con atención, era delgado, de piel blanca, pelo oscuro y tenía rasgos asiáticos. Parecía ser una persona amable, pero ¿por qué lo tenía amarrado? Estaba pensando eso cuando escuchó y entendió la última frase que dijo y se quedó atónito.

—Te vas a casar con Li Chiang.

—¿Qué?, pensó Germán ¿Cómo que me voy a casar con Li Chiang? ¿Quién es ella, preguntó casi sin aire y el hombre miró hacia la izquierda y en la puerta apareció una bella mujer, de rasgos asiáticos, ataviada con un precioso kimono y seguida por un séquito de mujeres hermosas, vestidas de igual manera.

Eso pareció contestar su pregunta. Li pareció saber qué pasaba y le sonrió cálidamente, al momento que se acercaba y lo saludaba amablemente. Entonces Germán la saludó también. Él siempre había sido muy atento con las mujeres, porque realmente a todas les encontraba su belleza, aunque objetivamente no la tuvieran. Le dijo muy galantemente: "Mucho gusto en conocerla, usted ilumina esta habitación con su presencia", a lo que Li respondió con una sonrisa y se acercó hasta el borde de su cama y le tomó la mano. Fue entonces cuando recordó lo que había dicho el hombre. ¿Se tenía que casar con Li? Eso era imposible, porque era un hombre casado, felizmente casado hace más de cincuenta años. Probablemente esto no era más que un malentendido y cuando lo explicara, todo se iba a aclarar y solucionar.

Fue entonces cuando le dijo al hombre que no se podía casar, que él era un hombre casado, lo que hizo cambiar el semblante amable del hombre y le preguntó que si estaba rechazando a Li. Germán volvió a explicarle que no la estaba rechazando, por el contrario, la encontraba una mujer bellísima, pero que ya estaba casado y que adoraba a su mujer. Si él fuera un hombre soltero, habría accedido feliz, pero no era el caso. Sin embargo, se preguntaba por qué una mujer tan joven podría estar dispuesta a casarse con un hombre tan mayor, al que ni siquiera conocía. Y se lo preguntó. Ella no alcanzó a contestar, ya que el hombre se apuró en responder que ese era un asunto secreto y que no era relevante que él fuera un hombre casado. Qué era importante para la seguridad del país que se casaran y así sería. El hombre giró sobre sus pies y se retiró de la habitación. Quedaron solos Germán y Li.

Se produjo un silencio incómodo. Estaba junto a su "novia" y no sabía qué decir, ni qué hacer. Ella solo lo miraba amablemente y sonreía. Él la observaba y veía sus facciones, su piel tersa y su pelo negro, bella y desordenadamente tomado en un moño, hacían relucir un cuello delicado y armónico. Se atrevió finalmente a decir:

—Li, eres una mujer estupenda, pero ¿por qué te quieren casar conmigo? ¿Por qué es un asunto de seguridad nacional? Incluso se aventuró a preguntar ¿dónde estoy? y ¿cómo llegué aquí?

Esperaba respuestas, pero Li solo sonrió y no dijo ninguna palabra. Germán pensó que tal vez ella no entendía español y le preguntó en francés y en alemán, con la esperanza de que lo entendiera. Pero tampoco tuvo respuesta. Ahí fue cuando se arrepintió de no haber aprendido inglés, probablemente ese idioma le habría servido en esta oportunidad. ¿Por qué no quiso aprenderlo cuando era joven? ¿Por qué había dedicado esfuerzos en aprender esperanto, pero no inglés? En fin, no era el momento de recriminarse, probablemente luego vendría alguien que le pudiera explicar mejor. Estaba sumido en estos pensamientos cuando Li habló. Le preguntó en perfecto español si es que estaba bien. Él, sorprendido, le dijo que estaba perfectamente y que solo tenía un poco de sed. Li, le acercó un vaso con agua que había en el mueble y pudo beber. Entonces si Li hablaba español, ¿por qué no le respondió sus preguntas? Volvió a la carga e insistió. Pero Li solo sonrió.

Estaba solo nuevamente. Li se había ido sin responder. Se sentía un poco débil, no recordaba cuándo había sido la última vez que había comido, lo cual podía ser complicado para un hombre diabético como él. Esto era extraño, muy extraño. ¿Por qué estaba en una cama, amarrado y comprometido en matrimonio con una mujer asiática a la que le doblaba la edad? Estaba cansado y fue cayendo lentamente en un sueño abrazador.

Se despertó sobresaltado. Un ruido afuera lo había puesto sobre aviso. Por la puerta se colaba luz, pero claramente era de noche. Su habitación estaba sumida en la más completa oscuridad. Estaba tratando de poner sus ideas en orden, tratando de recordar las conversaciones del día anterior, cuando entró un hombre y lo saludó amablemente. Le preguntó cómo estaba. Esta vez Germán puso atención y trató de entender desde el principio, pero nuevamente no logró comprender todo lo que le decían o preguntaban. De nuevo apareció Li, quien se veía más linda que durante el día. El hombre y Li intercambiaron algunas palabras y ella se fue. Entonces a Germán le pareció que este era el momento propicio para preguntar. Se aclaró la garganta y dijo en un perfecto y modulado español que él no podía casarse con Li, porque llevaba más de 50 años casado con una mujer que no solo amaba, sino que adoraba con todo su ser. Y por muy linda que fuera Li, no la amaba, ni siquiera la conocía. El hombre no le prestó atención y solo le dijo que era su deber y que era un asunto de seguridad nacional. Nuevamente le decían lo mismo. No lo lograba entender. En fin, si estas personas lo tenían secuestrado, lo único que le quedaba era intentar una huida. Y es así como lo empezó a planear.

No durmió durante la noche e intentó aguzar al máximo el oído para escuchar cuántas personas podía haber afuera. Se escuchaban pitidos de máquinas y distintas conversaciones. Entraba gente al sector donde estaba y se hacía el dormido. Si no iban a contestar sus preguntas, no se iba a molestar en hacerlas y tampoco se mostraría amable, pensó. Se mantuvo tranquilo, pensando que el mejor momento para huir sería de madrugada, cuando ya hubiera algo de luz natural para ver mejor. Así pasó parte de la noche, imaginando su huida. Luego se quedó dormido, profundamente dormido.

Se despertó de pronto y rápidamente recordó su plan de escape. Vio que por las rendijas se colaba una tenue luz que le hizo pensar que ya estaba amaneciendo. Se llevó las manos a la cintura, luego al pecho y notó que no estaba amarrado. Se levantó cuidadosamente, para no hacer ruido y alertar a las personas que estaban afuera. Se acercó a la pared, para mirar por una de las rendijas y vio un extenso potrero. ¿Dónde estaba? Hurgaba en su memoria por recuerdos que le permitieran reconocer el lugar, pero no lo consiguió. Tocó la pared y para su sorpresa una tabla estaba floja y la pudo mover. Luego hizo lo mismo con la de al lado y con la siguiente. Rápidamente tuvo abierto un espacio suficiente para poder escapar. Debía aprovechar esta oportunidad, no tenía tiempo que perder. No lo pensó dos veces y escapó. Fue fácil. Trató de avanzar lo más rápido que pudo. Debía dejar atrás todo, antes de que se dieran cuenta de su huida.

Al principio caminó con mucho cuidado, no había suficiente luz aún y eso le impedía ver bien. Cuando ya se había alejado unos cien a ciento cincuenta metros, sintió una sirena. Germán supuso que habían detectado su huida, por lo que ahora tenía que correr. Si, correr, un hombre de setenta y nueve años que a menudo usaba bastón. Pero no tenía alternativa, no podía arriesgarse a que lo pillaran y lo obligaran a casarse con Li. Y corrió como nunca lo había hecho.

Se había quedado dormido, sin lugar a duda. Se había corrido la sombra del árbol y el sol que le daba directo en la cara y el calor lo despertaron. Se tocó las piernas, las sentía poco, pero ahí estaban. De pronto se le vinieron todos los recuerdos como una bomba que explotó en su cabeza: la cama en la que estuvo amarrado, el hombre de cuarenta años, Li Chiang, el supuesto matrimonio. Se tranquilizó cuando constató que nadie lo seguía. Afirmado del árbol se puso de pie y comenzó a caminar lentamente, muy lentamente. Las piernas le pesaban muchísimo. Había sido muy grande el esfuerzo de la huida, y eso lo había dejado profundamente cansado. Veía los volcanes a lo lejos, y su intención era llegar hasta alguno de ellos. Pero ¿cuánto tendría que caminar? ¿Unos 50 kilómetros quizás? Lo que sí tenía claro es que no conocía ese paisaje. Había un volcán adelante y otro a la izquierda. Eso lo hizo pensar en que no estaba en Chile.

Tenía temor de ser encontrado por sus captores, por lo que evitó los caminos y siguió caminando por el campo, en la medida que podía, porque cada vez sentía más y más pesadas sus piernas. Cuando ya había caminado unas tres horas y después de descansar un rato, se atrevió a salir a un camino. Supuso que sus captores, si no lo habían encontrado ya, probablemente habían perdido interés en él. Al poco andar se encontró con un lugareño al que le preguntó donde se encontraba. No fue tanta su sorpresa cuando le confirmó que no estaba en Chile, pero sí se sorprendió al enterarse que estaba en Guatemala, ¡¡¡¡sí en Guatemala!!!! ¿Cómo había llegado ahí?, era algo que trataría de descubrir, pero lo más importante por ahora era tratar de volver a su país. Estaba en estas deliberaciones, cuando oyó una voz familiar, sí tremendamente familiar. Abrió mejor los ojos y por el camino se estaba acercando una mujer que le hablaba directamente a él. Una mujer de aproximadamente 1.60 metros de estatura, probablemente de unos cincuenta años. Pelo oscuro, aunque no lo podía ver bien ya que lo tenía rigurosamente tomado en un moño. Solo veía sus ojos, ya que la nariz y boca las tenía tapadas por una doble mascarilla. Así, a pesar de no verle el rostro, esos ojos y esa voz le eran tremendamente conocidos. Sintió un calor interno al escucharla y su corazón se tranquilizó. Incluso, a pesar de todo lo que estaba viviendo, se podría decir que tuvo un momento de felicidad. Fijó su mirada en ella, tratando de escucharla mejor para tratar de entender que decía. Fue cuando escuchó nuevamente su voz: "¿Cómo estás papá?, ¿cómo te sientes? Soy la Chica, ¿me reconoces?" Por supuesto que la reconocía, cómo no la iba a reconocer, si ella era su hija mayor. Su primera hija, su pequeña, a la que desde la cuna le dedicó la canción *Eres tú*, de Mocedades. Con la que vibró tantos éxitos y lloró cuando a los veinte años tuvo un grave accidente. Su orgullo, la madre de cuatro de sus nietos. En eso estaba pensando cuando le quedó retumbando la pregunta que ella le hizo ¿me reconoces? ¿Por qué le preguntaba esto? ¿Acaso alguna vez no la había reconocido? No se quedó pensando en estas cosas y se apresuró a asentir con la cabeza y a pedirle agua. Ella no se acercó, le hacía señas desde los pies de la cama y le avisó a otra mujer, vestida de celeste, con mascarilla para que le diera agua. La Chica se mostraba cariñosa, pero no se acercaba. Solo se mantenía a la altura de los pies de la cama y le explicó a Germán que era por el coronavirus. Que no podía acercarse, porque no sabía si podía estar contagiada y contagiarlo.

La Chica le estuvo hablando de varias cosas, contándole cómo estaban sus perros, su parcela, que todo estaba en orden, esperándolo para cuando él pudiera volver. Hasta que preguntó: "¿Dónde estás papá?" Y es ahí cuando a Germán se le armó una confusión en la cabeza. Ahora estaba en una cama, amarrado por un ancho cinturón que le dificultaba moverse. Le molestaba estar así quería sacarse ese cinturón. Pero pensándolo mejor, él hace poco estaba en Guatemala, arrancando de sus captores. ¿Cómo había llegado a esta cama? ¿Lo habían capturado nuevamente y la Chica ¿sería parte de sus captores? No lo entendía, pero prefirió seguirle el juego. Estoy en Guatemala, le dijo, me arranqué de mis captores, quienes me querían casar con una mujer asiática llamada Li Chiang. Y se quedó esperando a ver el semblante de su hija para ver su reacción. Ella lo escuchó atentamente y le preguntó: "¿Y por qué no te quisiste casar?"

¡Qué pregunta más absurda! ¿Cómo me pregunta tamaña tontera?, pensó él.

—Porque ya estoy casado con tu mamá, se apuró en responder. Llevo más de cincuenta años casado con ella y es la mujer de mi vida.

Dijo esto y dio una mirada a la pared donde había varias fotos en tamaño grande de él con su amada Amelia.

La Chica rió y le dijo, "tienes toda la razón, no te puedes casar con otra mujer". Entonces volvió a preguntar: "¿Dónde crees que estás papá?" Germán ya estaba demasiado confundido y trató de levantar los hombros con una expresión en su cara que decía: no lo sé, dime tú. Ella lo interpretó inmediatamente y le dijo: "Estás en la clínica, hospitalizado hace cinco semanas. Tuviste una caída, que te generó una herida que permitió el ingreso de una bacteria muy peligrosa, que se alojó en tu columna cervical y provocó una gran infección. Estuviste muy grave, pero ya estás mucho mejor. ¿Te acuerdas?" Germán la miró nuevamente con un semblante que daba a entender que no lo recordaba.

La Chica le preguntó que quién era su señora. Esa pregunta sí que le pareció absurda. La Ame, el amor de su vida, su esposa hace exactos cincuenta y dos años y su amor desde hace cincuenta y seis. Con quien había construido una familia compuesta por su hijo, dos hijas, sus respectivos maridos y esposa y once nietos, a los que sencillamente adoraba. Todos ellos eran la razón de su existencia, pero la Ame era la piedra angular. Si la Ame no estuviera, nada tendría sentido para él, absolutamente nada. La Ame es mi señora, se apuró en decir.

—¿Dónde está, por qué no viene?

—No puede venir papá, le contestó la Chica. Lo que pasa es que en estos momentos estamos con una pandemia por un virus llamado coronavirus. Empezó en China en diciembre y llegó a Chile en marzo. Por eso, yo soy la única que puede venir a verte y mi mamá tiene que estar encerrada en la casa, porque sería peligroso para ella venir a visitarte, pero la podemos llamar. ¿Quieres hablar con ella?

Germán asintió melancólicamente con la cabeza. La Chica tomó su celular y marcó rápidamente el teléfono de su madre. De pronto se escuchó la voz de la Ame que contestó la llamada. "Alo, alo...". Entonces Germán, profundamente emocionado y sintiendo que sus fuerzas lo abandonaban trató de decir con su mejor voz: "Hola Ame, ¿cómo estás?" Con visible emoción se escuchó al otro lado del teléfono la voz temblorosa de ella que decía: "Hola mi viejo lindo, yo estoy bien, echándote de menos, extrañándote, pensando en ti todo el día, rezando para que pronto vuelvas a mi lado. Cuídate, come todo lo que te den, para que pronto te puedas venir". Estas palabras lo emocionaron a tal nivel que no pudo seguir hablando, se le atragantaron las palabras en la garganta y le hizo una seña a su hija para que hablara ella. La Chica, le habló a su madre, le dijo que el papá estaba cansado y tenía que descansar un rato. Que luego volvían a llamar.

Germán quedó triste, quería estar al lado de su mujer, en su casa querida, en su parcela, con sus perros y todo el trabajo que tenía allá. ¿Por qué estaba amarrado a esta cama?, volvía a pensar en los eventos de Guatemala y la confusión volvía a su cabeza. La Chica se quedó esa noche con Germán. Se arrellanó en el pequeño sofá que tenía en la pieza y lo estiró para tratar de dormir.

~ GERMÁN Y LA AME ~

Germán era un hombre de setenta y nueve años, muy activo e independiente. Hace más de veinte que tenía un centro de eventos en una zona rural cerca de la capital, en el que se hacían matrimonios, paseos de oficinas, cenas de fin de año, aniversarios de matrimonio o cualquier otra actividad.

Era el tercero de nueve hermanos hombres, criado en un pueblo al sur de Santiago. Un hombre emprendedor, con la cabeza llena de sueños e ideas de hacer grandes negocios. En lo económico, siempre fue independiente, con poca aversión al riesgo. Solo al comienzo de su vida laboral trabajó para una o dos empresas, ya que en ese minuto sentía que tenía que tener algo de estabilidad económica para ofrecer a su mujer.

A la Ame, su señora, la conoció cuando ella tenía dieciocho años, había salido recién del colegio y era verano. Germán ya era mayor, tenía veinticuatro años y había decidido salir a recorrer el mundo por segunda vez. La primera vez había visitado Perú, Ecuador y se había internado un poco por el Amazonas. Había decidido volver en diciembre para pasar la última Navidad con sus padres y volvería a partir hacia el norte. Su primera parada sería Lima, en Perú y desde ahí las aventuras que su viaje le trajera. Estaba dispuesto a recorrer durante el tiempo que le tomara, otros lugares, otras ciudades, otras latitudes y quién sabe, tal vez instalarse en otra parte. Nada lo ataba realmente a su país natal. Ese era el plan, hasta que un caluroso día de enero acompañó a la piscina a uno de sus hermanos menores. Ahí la vio, descansando sobre el pasto leyendo una revista femenina.

Le gustó inmediatamente, así que se le acercó y le pidió prestada la revista, solo para entablar una conversación. La Ame lo miró y ni siquiera le respondió. Humillado se volvió sobre sus pasos para pensar una mejor estrategia para conocerla, cuando vio que su hermano, conversaba con las chicas que la acompañaban. Cuando volvió Freddy a su lado, le preguntó por esas muchachas y se dio cuenta que su hermano conocía a las hermanas de la niña que quería conocer. Que excelente noticia. Por supuesto, inmediatamente le pidió a Freddy que los presentara y ahora sí pidió prestada la revista, que le sirvió de pretexto para ir a devolverla al día siguiente a la casa de ella. El plan de ir a recorrer el mundo había quedado postergado para más adelante o quizás nunca, ese día de verano había cambiado su vida.

Cuatro años pololearon. Por supuesto que tuvieron problemas, como cualquier pareja. La Ame terminó la relación con él y se puso a pololear con otro joven, pero la persistencia era algo que caracterizaba a Germán, por lo que no se dio por vencido, hasta que consiguió que ella terminara con el otro muchacho y volviera con él, ahora para casarse.

Tuvieron un hijo y dos hijas. Formaron una preciosa familia y como todos los matrimonios tuvieron altos y bajos. Germán era un soñador, un emprendedor, tenía muchas ideas, muy buenas ideas para hacer grandes negocios. También, mucha energía y empuje, pero le faltaba el dinero necesario, el financiamiento para iniciar su propio negocio. Tenía un trabajo estable en una gran empresa, pero él no se veía toda la vida trabajando ahí. Se sentía entrampado haciendo un trabajo rutinario y poco estimulante, definitivamete, eso no era para él. Juntó algo de dinero, para tener un poco de capital, renunció a su trabajo y empezó su primer gran emprendimiento, una fábrica de productos derivados del maní.

En el patio de su casa construyó un espacio adecuado para instalar la empresa. Invirtió en maquinaria y se puso manos a la obra para iniciar este emprendimiento. Hizo los trámites requeridos ante la autoridad sanitaria para obtener los permisos correspondientes, teniendo todo prontamente en regla. Le estaba yendo muy bien, increíblemente bien, las ventas iban subiendo, su sueño lo estaba logrando. Se iba haciendo conocida su marca y cada vez tenía más pedidos. Llegó con sus productos a los pequeños y grandes supermercados. Fue creciendo, tanto en ventas como en su cartera de clientes. Se sentía feliz, había sido un tiempo de mucho esfuerzo, de invertir, de muchos sacrificios, pero ya empezaba a cosechar. Esto ya le daba cierta tranquilidad, estaba empezando a despegar su negocio, su sueño se estaba haciendo realidad, era dueño de su destino. Pero el país estaba cambiando, había decidido abrir su economía a los mercados mundiales. Esta decisión macroeconómica significó una debacle para el negocio de Germán pues el país se abrió a la importación y ya no pudo competir. Llegaron productos derivados del maní a precios mucho más bajos, con envases más bonitos y competitivos. Comenzó a ver con temor que la gente, sus clientes, empezaron a preferir los productos importados y las ventas empezaron a mermar hasta que tuvo que cerrar. Fueron momentos difíciles, ya no era un muchacho. Tenía una familia que mantener y no podía darse el gusto de correr aventuras. Lo pasó mal, muy mal durante un buen tiempo. Como siempre, la Ame era su sostén, su apoyo. No obstante, ella también sentía temor. Tenían hijos pequeños que dependían de ellos y no podían esperar. ¿Por qué era tan soñador?, se preguntaba la Ame. ¿Por qué había tenido que renunciar a un trabajo, —que si bien era aburrido y rutinario— les daba la tranquilidad que requerían? En fin, no era el momento de seguir haciéndose estas preguntas, era el momento de poner manos a la obra y salir adelante. Tenían dos hijos de siete y ocho años y una hija pequeñita de dos. Sin embargo, la Ame no la pensó dos veces y buscó un trabajo de medio tiempo que le permitiera compatibilizar sus actividades de madre con ingresar algo de recursos al hogar. Luego los dos pudieron ponerse de pie. Volvieron a rearmar su economía y nuevamente a Germán le empezó a ir bien. Esta vez estaba en un negocio distinto, lo había aprendido trabajando con gente conocida y luego se había independizado. Eso era lo que a él le gustaba. Tenían un buen pasar, tranquilidad y eso lo hacía feliz. Seguía siendo un optimista y soñador, la Ame era su cable a tierra, la que lo bajaba de las nubes, la que lo volvía a la realidad. Por eso no le contaba todo a ella y ese fue esta vez su error.

Por segunda vez, le pasaba lo mismo, el país cambiaba y sus servicios fueron siendo requeridos cada vez menos. Sus hijos ya eran más grandes y él no quería admitir que las cosas no iban tan bien como antes. Le comenzó a ir mal, hizo malos negocios, se endeudó. No quería que la Ame se diera cuenta, porque se avergonzaba de lo que le estaba pasando, sentía que era su responsabilidad, le apenaba no poder darle la tranquilidad y estabilidad que ella se merecía.

La primera vez que le había ido mal, él le había contado todo desde un principio. Esta vez era distinto, había ocultado esa información, había tomado malas decisiones y eso ahora no le estaba dando tregua. No lo dejaba dormir, no sabía como saldría de este problema. Tenía a dos hijos universitarios, una hija en el colegio y muchos gastos aún por delante y no sabía ya qué hacer. Se hizo de valor y enfrentó la situación. Le contó a la Ame y a sus hijos que la situación estaba muy complicada, que tendrían que vender el departamento en que vivían, para poder pagar las deudas que había contraído y tendrían que irse a vivir a una parcela que tenían en Pirque. Esto le permitiría rearmarse, reinventarse y volver a partir.

Una vez más, la Ame lo apoyó. Ya tenían más de veinte años de matrimonio, lo amaba, era el padre de sus hijos. Sin embargo, le dolía que él no le hubiera dicho antes lo que estaba viviendo. Tal vez podrían haber tomado otras decisiones, tal vez podría haber ayudado y actuado antes, tal vez no habrían tenido que vender el departamento que ella tanto quería. Pero, nuevamente, no era momento de recriminaciones, había que actuar y la Ame una vez más fue su apoyo, su sostén, su compañera y su cable a tierra.

Fue idea de ella. ¿Por qué no aprovechamos nuestra parcela, para hacer paseos de colegio? Es un lugar tan lindo, tan tranquilo, con un bello jardín y un estanque. Y se pusieron manos a la obra. Comenzaron con paseos de fin de año y de a poco, con mucho trabajo, esfuerzo y dedicación fueron haciendo eventos de mayor envergadura. Actualmente, o mejor dicho hasta antes de la pandemia de covid-19, en su centro de eventos se hacían matrimonios, fiestas de empresas, paseos de fin de año. Este negocio les permitió la tranquilidad económica que habían buscado antes. Sus hijos terminaron sus estudios, se casaron y les dieron once nietos. Germán y la Ame aprovechaban la temporada baja de los eventos para viajar. Primero recorrieron todo Chile. A sus sesenta años, empezando la tercera edad, visitaron destinos imperdibles como San Pedro de Atacama, Isla de Pascua y Torres del Paine, además de otras ciudades preciosas, cada una con sus peculiaridades y magia. También fueron a distintos países y ciudades europeas, ya fuera por tour terrestres o arriba de algún crucero. Sin embargo, había un sueño que Germán aún no cumplía. Quería recorrer Suiza, tierra de sus ancestros. Ya había visitado algunas de sus ciudades, como Berna y Zúrich, pero lo que ahora quería hacer era recorrerla de palmo a palmo. Se lo propuso a la Ame y como siempre, ella lo secundó. Planearon el viaje, arrendaron auto y se lanzaron a la aventura. Estuvieron más de un mes recorriendo ese bello país. Fue un viaje de ensueño, del cual la Ame y Germán guardaron los más lindos recuerdos.

Es así como ni se dieron cuenta y llegaron a celebrar sus bodas de oro. Habían pasado cincuenta años desde ese lejano siete de septiembre en que ambos se dieron el sí frente al altar; en el que se juraron amor eterno y que estarían juntos para siempre, en las buenas y en las malas, en salud y enfermedad, hasta que la muerte los separe. Habían pasado momentos muy duros en estos cincuenta años, es verdad, pero eso siempre los fortaleció. También momentos muy buenos, llenos de alegría y felicidad y eso también los fortaleció. No sabían que en pocos años volverían a poner en práctica sus votos, "juntos en salud y enfermedad".

– EL ESTALLIDO SOCIAL Y EL COVID-19 –

Germán y la Ame estaban iniciando la temporada de eventos 2019-2020 con entusiasmo. Como en años anteriores, tenían muchas reservas y, prácticamente, no tenían espacio para descansar entre septiembre de un año y marzo del siguiente. Los días que no tenían algún evento, estaban dedicados a la mantención. Había mucho trabajo cortando el pasto, arreglando las plantas, moviendo los muebles, decorando, hermoseando, en fin, haciendo lo que era necesario para que todo siempre estuviera perfecto. Permanentemente, había un sin fin de actividades que los tenía ocupados de la mañana a la noche. Era mucho trabajo, sí, pero lo hacían felices. La alegría de unos novios después de que todo había estado perfecto en el día más importante de sus vidas o la satisfacción del encargado de recursos humanos de una empresa —porque su actividad había resultado como lo esperaban— era un pago que no se medía con monedas. Ellos siempre se esforzaban al máximo para que el evento fuera una excelente experiencia para sus clientes. Atendidos por sus dueños, era una de las frases de su publicidad. Pero ese año fue diferente. Recién arrancando la temporada de eventos, ocurrieron hechos nunca vistos en Chile, hasta ese momento. Se desató una ola de violencia y de descontento social generando un verdadero terremoto a nivel país, terremoto que ellos resintieron inmediatamente.

Estallido social fue llamado posteriormente por la prensa. Se inició con la quema simultánea de más de 60 estaciones del metro y edificios públicos. Los días que siguieron fueron de saqueos a supermercados, farmacias, multitiendas. Además de la violencia propia de los saqueos, hubo mucha gente que adhirió pacíficamente a este movimiento, manifestándose en las calles. Las protestas por todo el país y los incendios en espacios públicos y privados continuaron y los enfrentamientos con las fuerzas de orden y seguridad se hicieron cada vez más frecuentes. Hubo heridos y muertos, una violencia nunca vista que generó mucho temor en la gente y, sobre todo, en los mayores, como Germán y la Ame. Ellos se asustaron, no sabían que vendría después. La convulsión social que se veía en los noticieros, que se escuchaba en la radio y las noticias que les llegaban por WhatsApp, ya fueran verdaderas o falsas, los intranquilizaba cada vez más. Se destruyeron muchos empleos, la economía del país se desplomó y por supuesto, de la noche a la mañana su negocio comenzó a decaer. Las empresas cancelaron sus reservas, los matrimonios postergaron sus fiestas o las hicieron más acotadas y lo que se veía como una promisoria temporada, fue mermada y disminuida hasta la mínima expresión.

Estaban preocupados por su país y por cómo se lograría salir de esa situación, cuando comenzaron a llegar noticias de un virus en China que había pasado del murciélago, su huésped habitual, a un animal desconocido y de ahí al ser humano. Estaba provocando una enfermedad muy contagiosa causando estragos en Wuhan, ciudad donde se había iniciado. Esta enfermedad, denominada covid-19, era provocada por un coronavirus y podía generar una enfermedad que llevaba a la muerte. En China se tomaron medidas extremas de confinamiento de la gente y se construyeron multitudinarios hospitales en diez días. Estas noticias, que se veían lejanas y que estaban al otro lado del planeta, más parecían salidas de una película de zombis o del fin del mundo, que de cualquier canal de noticias. Pronto la OMS comenzó a hablar de epidemia y luego de pandemia. La enfermedad llegó a Europa y causó estragos en Italia, Francia y España. Los hospitales no daban abasto y colapsaban por la cantidad de gente enferma y los muertos empezaron a contarse de a miles. A Chile no llegaba aún, pero había que estar preparados para lo que venía. Las noticias decían que los adultos mayores eran los más afectados y, no conociéndose aún los tratamientos o formas de prevención, el aislamiento parecía ser lo más prudente e indicado.

A comienzos de marzo ocurrió lo esperable, lo que era muy difícil de evitar. Los periódicos, noticieros, redes sociales, estallaron. El coronavirus había llegado a Chile, había sido detectado en un hospital de Talca en una persona que venía desde Europa. Chile ya no estaba libre. Era cosa de tiempo que se difundiera por todo el país y que llegara a Santiago. Estábamos mejor preparados que Europa, ya que habíamos visto lo que les había ocurrido a ellos, pero tampoco teníamos la experiencia y el conocimiento para tratar esta enfermedad. El sistema sanitario se fue preparando para hacer frente a lo que venía, se veía duro el futuro, no se tenía experiencia en una situación como esta. Comenzaron las primeras limitaciones al movimiento de las personas y en el horizonte se veía el confinamiento o la cuarentena como una medida extrema que podía ayudar a contener la diseminación del virus.

Luis, hermano menor de Germán, uno de los nueve, era un topógrafo que trabajaba en distintas obras de construcción vial a lo largo del país. Su profesión y trabajo lo llevaban a moverse con camas y petacas a donde se estaban ejecutando las obras. Había vivido en todo Chile y en los lugares más extremos. Ahora no era la excepción, estaba trabajando en una obra en Porvenir, región de Magallanes y la Antártica Chilena. Dada la lejanía, Luis juntaba sus permisos de descanso y cuando tenía suficientes días viajaba al norte, a la región de Valparaíso, donde vivía y estudiaba su única hija. Este marzo del coronavirus, Luis se encontraba de permiso y ya debía volver a su trabajo, pero como siempre, pasaría sus últimos días de descanso en la casa de su hermano Germán.

Llegó el momento de volver, Luis alistó sus cosas, revisó que tenía todos sus documentos y su pasaje en regla, se despidió de Germán y la Ame y se fue al aeropuerto. En cuanto llegó se dirigió al mesón, para entregar su equipaje y chequearse para el vuelo. Había mucha gente, como nunca. La fila no avanzaba. Esto era totalmente poco usual. Acostumbrado a viajar por Chile, Luis sabía que este trámite era rápido y expedito, no se acumulaba la gente a menos que hubiera algún problema. Esperó pacientemente por algunos minutos, seguramente había algún inexperto haciendo este taco. Aprovechó de revisar sus mensajes en el celular, luego revisó algunas noticias, cuando un titular llamó poderosamente su atención. El aeropuerto Carlos Ibáñez del Campo de la ciudad de Punta Arenas, había cerrado sus puertas a los pasajeros, debido a la pandemia de coronavirus. Sus ojos no daban crédito a lo que estaba leyendo, no entendía a cabalidad lo que decía ese titular. Cómo se iba a cerrar el aeropuerto, si él estaba en la fila para chequearse en el avión que lo llevaría a esa ciudad, para luego transportarse a Porvenir, a su lugar de trabajo. Levantó la vista y solo vio a las personas que esperaban pacientemente a su alrededor. Miró a quien estaba en el puesto detrás de él en la fila y le pidió que le cuidara el lugar. Tenía que ir a preguntar que estaba pasando, no se iba a quedar esperando en la fila eternamente. Encontró a un funcionario de la línea aérea, quien, cuándo le preguntó, se levantó de hombros y dijo no tener ninguna información. Entonces fue más allá, donde se acumulaba un mayor número de personas y escuchó en forma creciente el rumor de que no podrían viajar, que el aeropuerto de destino estaba cerrado. Pero, ¿por qué? ¿Qué había pasado para que se tomara esta decisión tan drástica? Él estaba en el aeropuerto esperando para abordar el avión y ¿ya no podía viajar? ¿Por cuánto tiempo sería esto?, ¿Qué pasaría con su trabajo? Las preguntas se arremolinaban en su cabeza cuando escuchó por altoparlante lo que no quería escuchar. El aeropuerto Carlos Ibáñez del Campo, ubicado en las afueras de la ciudad de Punta Arenas, había cerrado sus puertas. Listo, no había nada más que hacer, la información era oficial. Sentía que un mazo había caído sobre su cabeza, no podía pensar. Se había quedado botado en el aeropuerto de Santiago. ¿Por cuánto tiempo? No sabía la respuesta. Lo primero que atinó fue llamar a su hermano Germán y le dijo escuetamente: "Se cerró el aeropuerto de Punta Arenas, no sé hasta cuándo". Fue cuando sintió desde el otro lado del teléfono, con la calidez de siempre, "y......, vente para acá el tiempo que sea necesario". Esta respuesta no extrañó para nada a Luis. Germán y la Ame siempre lo habían recibido con los brazos abiertos, nunca le habían negado su hospitalidad y esta tampoco sería la ocasión.

La situación era incierta, no sabía qué pasaría con su trabajo si no podía volver, pero de momento el tema de alojamiento estaba resuelto. Sin pensarlo más, salió del aeropuerto y tomó un taxi a Pirque, de vuelta a la casa de su hermano.

Había estado horas en el aeropuerto, sin ninguna precaución, lo que lo inquietaba. Luis era de los hermanos menores de Germán, y los distanciaban más de quince años. Por lo que, si había contraído el coronavirus, esto podía ser fatal para Germán y la Ame. No lo dudó por ningún momento y apenas llegó se puso en cuarentena. Se fue a dormir al Torreón, una bella construcción que Germán había hecho simulando un castillo. Él quería un castillo para su reina, la Ame y se lo construyó. Estaba a unos veinte metros de la casa principal, separado por un patio empedrado con una fuente en el medio. Todo rodeado de grandes y hermosas plantas, dando un marco majestuoso, único, bello, que los novios y sus fotógrafos sabían aprovechar muy bien cuando se trataba de dejar registro del día más importante de sus vidas. Sin duda, era un lindo lugar, un bello espacio el que había construido Germán. En el Torreón, había tres dormitorios y un baño. Un espacio suficiente para instalarse un tiempo prudente de quince días, hasta asegurarse de no presentar síntomas del temido covid. La comida se la llevaban en bandeja y había suficiente espacio para salir a caminar por la parcela, sin necesidad de entrar en contacto con Germán y la Ame.

Pasó una semana, dos, las que luego se convirtieron en un mes, dos meses. Luis había perdido su trabajo. Al no poder volver a Porvenir y ante la incertidumbre de la situación, la empresa lo finiquitó. Ahora no tenía sentido volver, solo tenía que ir a buscar algunas cosas. Los pocos días que esperaba pasar en la casa de su hermano al final de su periodo de descanso, se habían convertido en meses y no sabía a ciencia cierta cuanto tiempo más se quedaría.

Germán y la Ame integraron a Luis en sus actividades diarias, era uno más. Después de su periodo de quince días de cuarentena en el Torreón, se mudó a una habitación en la casa principal, por lo que convivía cotidianamente con ellos. No salían de la parcela desde que había comenzado la pandemia. Eso les daba tranquilidad, ya que así no podían contagiarse.

·Ya era mayo, casi habían pasado dos meses desde el primer caso de covid-19 en Chile, los enfermos aumentaban y los hospitales se llenaban de gente. Las urgencias colapsaban y los noticiarios traían noticias de cómo se iban llenando las camas críticas disponibles. Los hospitales, públicos y privados iban convirtiendo espacios a camas covid-19 para hacer frente a esta contingencia. Cuando no había suficiente lugar en un hospital, se buscaban camas disponibles en otros hospitales, en otras ciudades. Es así como se veían operativos aéreos trasladando gente enferma, de manera que pudieran acceder al ventilador que requerían, al oxígeno que necesitaban y al cuidado preciso. A pesar de todos estos esfuerzos, los fallecidos por esta enfermedad seguían aumentando. Germán, la Ame y Luis vivían en un pequeño oasis de tranquilidad. En la parcela estaban protegidos, mientras no salieran de ahí, nada les podía pasar.

— EL ACCIDENTE —

Germán, como frecuentemente lo hacía, salió a supervisar las actividades diarias de su parcela. Su centro de eventos se ubicaba en un terreno de dos hectáreas en El Principal, comuna de Pirque. Debido a la pandemia, este año casi no había tenido temporada alta. Sin embargo, a pesar de estar en el mes de mayo, había muchas actividades de mantención que realizar. Para esto, contaba con el apoyo de Pedro, su ayudante desde hace más de veinticinco años. Un hombre de campo, esforzado, que al principio había vivido con su familia en la misma parcela, pero luego se había construido su propia casa y se había independizado. Casado con Isilda, una mujer de su misma edad, trabajadora, empeñosa, que cuando no había eventos ayudaba en la casa de la Ame o en otras del sector. Y durante la temporada de eventos, se convertía en el brazo derecho de la Ame para lo que se requiriera. Muchas veces para organizar la cocina y el personal que trabajaba ahí.

Para supervisar las actividades, Germán iba en su scooter eléctrico, una mezcla entre silla de ruedas y moto, con grandes ruedas que lo hacían muy cómodo para el difícil relieve de la parcela. Se adaptaba muy bien al pasto, al patio empedrado y a los caminos interiores. En esta ocasión fue caminando con su bastón, su eterno acompañante, ya que las 4 hernias que tenía en la columna no lo dejaban tranquilo. Su bastón, de más de cien años era heredado. Había pertenecido al Tata Tomás, abuelo de la Ame. Por alguna razón que desconocía, había llegado a sus manos y le tenía mucho cariño, no solo por su funcionalidad y comodidad, sino que por su dueño original, a quien Germán había conocido en su primer tiempo de noviazgo con la Ame. Mientras caminaba, el bastón no pudo evitar que Germán tropezara y se fuera de frente. No alcanzó a poner las manos, sus movimientos eran torpes y se golpeó la nariz y la frente con una piedra. Se hizo una pequeña herida que sangró, pero no sabía cómo había quedado su cuerpo. Ahí estaba tirado cual largo era en el patio. No podía gritar, no tenía energía, no podía moverse. Cerró los ojos, respiró profundamente y esperó unos instantes. Estaba juntando fuerza para gritar y pedir ayuda, cuando escuchó a Pedro, su ayudante que se le acercaba. "Don Germán, ¿cómo está?, lo vi caerse". Él sin saber por qué, solo susurró: "Bien, bien". Pedro lo ayudó a incorporarse, primero a sentarse, para que respirara un poco, se tranquilizara y tomara fuerzas para lograr pararse. A simple vista, se veía bien. No parecía tener ningún dolor o daño, más allá de la herida que sangraba en la parte alta de la nariz, entre la nariz y la frente para ser más exactos. Ahora sentía la cabeza embotada, estaba un poco mareado, solo quería descansar. No sabe cuánto tiempo estuvo así. Pedro se quedó con él todo ese rato, le preguntaba cómo se sentía, pero Germán no tenía ganas de contestar. ¿Por qué su cuerpo ya no respondía como antes? Él era un hombre con mucha energía, con muchas ganas de hacer cosas, pero su cuerpo se resistía a seguirle el ritmo. Por eso solía bromear diciendo, "Soy un trans-etario, eso es un hombre de cuarenta y cinco años en el cuerpo de uno de ochenta". Pero esas bromas no eran más que un reflejo de la realidad. Germán era más activo que lo que su cuerpo se lo permitía y eso le provocaba una cierta frustración. Poco a poco sintió que la calma volvía a su mente y le pidió a Pedro que le ayudara a pararse. Pedro conocía a su jefe, sabía que probablemente todavía no estaba bien, así que le dijo que descansara un poco más y él se quedó acompañándolo hasta que pudo incorporarse y con su apoyo, lo ayudó a llegar hasta la casa. La Ame casi se desmayó cuando lo vio llegar todo revolcado y ensangrentado. No era la primera vez que se caía, pero ahora estaba más viejo. A la Ame se le vinieron a la mente otras tres ocasiones en que se había caído. Una de ellas había ocurrido hace unos ocho años, cuando Germán estaba andando en bicicleta con uno de sus nietos en los difíciles caminos de la parcela. Germán iba compitiendo con el niño de diez años a ver quién llegaba primero al otro extremo del camino serpenteante. Una pequeña piedra, estratégicamente ubicada, quiso que Germán no terminara la carrera, ya que detuvo bruscamente el neumático delantero y voló por encima de la bicicleta, golpeándose la nariz. Quedó tirado en el piso y la Ame que era la jueza que dio inicio a la carrera, corrió hasta él para ver cómo se encontraba. Inmediatamente lo llevaron a la urgencia, le hicieron los exámenes de rigor y lo dejaron una noche en observación, antes de devolverlo a la casa. Le había salido barata, solo contusiones que se convertirían en moretones, pero no pasó a mayores. La segunda caída que recordó la Ame, era de hace cinco años. Germán estaba viendo a los nietos que se estaban columpiando y decidió ir a jugar con ellos. Les pidió que lo dejaran columpiarse. Cuando ella lo escuchó le dijo casi como si fuera adivina: "Cuidado viejo, no te vayas a caer". Dicho y hecho, en el momento de sentarse, el columpio se corrió y Germán quedó sentado en el pasto. Si bien la Ame se asustó mucho, fue una caída menor que le trajo dolor en su espalda, debido a sus hernias, pero no tuvo mayores problemas. La tercera caída que se vino a la mente de la Ame fue en su viaje a Suiza. Un sobrino de Germán los había invitado a su casa en la montaña. Para él era un sueño y por supuesto que aceptaron la invitación. La casa era un hermoso y pequeño refugio en Los Alpes, a la salida de un bosque de abetos. Era recordar las escenas de la película de "Heidi", y Germán inmediatamente se imaginó a su abuelo y a Pedro pastoreando las cabras. Entraron a la casa y subieron al segundo piso por una estrecha escala sin barandas que llegaba en forma directa a una pequeña puerta en el piso. La abrieron y subieron a una habitación pequeña, pero muy limpia y ordenada. Hacia un lado tenía un camarote y en un extremo había una puerta que ellos supusieron era un baño. Hacia el otro extremo se veían dos pequeñas ventanas, por donde entraba como una catarata la abundante luz que provenía desde fuera. "Esta era mi habitación cuando chico", les dijo

Michael. "Ahora es la pieza de mis niñitas, pero deben crecer un poco más para poder subir por esa escala", dijo dando un recorrido con la vista por la pequeña habitación. Dieron un par de pasos y se asomaron por las pequeñas ventanas para disfrutar la bella e imponente vista de los Alpes y sus bosques de abetos. Estaba concentrada la Ame mirando hacia el horizonte, cuando escuchó un pequeño grito y un ruido que le hizo imaginar un saco de papas rodando. Se volvió inmediatamente y vio que Germán no estaba. Se había echado para atrás sin notar que estaba abierto el hueco de la escalera, por lo que cayó y rodó hasta parar en el primer piso. Asustados Michael y ella se asomaron y vieron a Germán tendido en el piso, quien sin perder su humor y levantando un brazo dijo "estoy vivo". Inmediatamente Michael lo llevó al servicio de urgencia más cercano, para que lo revisaran y le tomaran radiografías. Después de un par de horas de espera, se acercó un enfermero que le dijo en perfecto español, o mejor dicho perfecto chileno:

—Don Germán, usted está bien. No hay fracturas, solo contusiones.

—¿Por qué habla español?, dijo Germán sorprendido.

—"Hablo chileno", le contestó el enfermero, soy de Valparaíso.

—Pero que buena, dijo Germán dándole un cariñoso apretón de manos.

—Es un gusto para mí estar atendiendo a un compatriota, dijo el hombre devolviendo el apretón.

En tiempos normales la Ame no lo habría pensado dos veces y habría llevado a Germán en forma inmediata a la Urgencia. Pero ahora no podía hacer eso. Las urgencias estaban colapsadas con personas enfermas con covid. Llevarlo podía significar contagiarse, lo que supondría un peligro mayor. Lo primero que hizo fue llamar por teléfono a Mónica, una doctora de Pirque, que muchas veces los había atendido en el consultorio. Ella amablemente en una ocasión les había dado su número telefónico, por si tenían alguna emergencia. Bueno, esta era un momento en que podía aprovechar esa buena voluntad. Buscó su teléfono rápidamente entre sus contactos, estaba nerviosa y no lo encontraba. ¿Cuál era el apellido de la doctora?, ¿Cómo la habré registrado?, le temblaban las manos y no podía ver bien. Luis la ayudó, le quitó amablemente el teléfono y le preguntó cómo se llamaba. En un minuto ya había encontrado el contacto y la Ame pudo hablar con ella. En primer lugar, le dijo que hablara con Germán mientras le limpiaba la herida y que le dijera si estaba consciente o hablaba incoherencias. Germán estaba bien, estaba muy consciente de lo que había pasado, sabía en que día estaban, dónde estaba, es decir, no había motivos para pensar que el golpe le hubiera producido un trauma mayor. Le dolía la cara donde se había golpeado y también le dolía el orgullo por haberse caído. La Ame le limpió la herida y vio que era pequeña. No le pareció que fuera como para que le colocaran puntos y eso la tranquilizó. Había sangrado muchísimo, pero ahora que había parado y que ya lo había limpiado, la situación le parecía más clara. Agradeció a la doctora anotó sus últimas indicaciones y cortó la llamada. Por fin podía respirar. Decidió no avisar a sus hijos en esos momentos. La situación ya estaba controlada, no era necesario llevar a Germán a un centro de urgencia.

Al día siguiente, la Ame llamó nuevamente a la doctora para contarle cómo estaba evolucionando Germán. La herida se veía seca y rodeada por un hematoma. Había sido grande el golpe y agradecía que no había ningún hueso roto. Todo parecía estar bien. Hacia el final del día les contó a sus hijas sobre la caída de Germán, pero también les advirtió que todo estaba bien, todo controlado, todo tranquilo. Ellas celebraron que no hubiese sido tan grande como para llevar al papá a la urgencia, ya que todos estaban asustados con el coronavirus y contagiarse, podía ser muy grave.

El domingo, exactamente 5 días después de su caída, Germán comenzó con dolor en el cuello. Era obvio que se debía a su caída, el golpe había sido fuerte y ahora lo estaba resintiendo. Como de costumbre, la Ame estaba atenta. Fue a su armario y buscó y buscó hasta que encontró un guatero de semillas que le había regalado tiempo atrás una de sus hijas. Lo humedeció como indican las instrucciones y lo puso treinta segundos en el horno microondas. Movió las semillas en su interior y lo puso treinta segundos más. Después de eso se lo llevó a Germán, se lo puso en la base del cuello y hombros. El calor algo lo aliviaba. Le dio analgésicos y lo acompañó. El dolor era profundo y Germán se quejó muchísimo durante la noche, casi no pudieron dormir. En la mañana se sentía un poco mejor, adolorido por la mala noche, pero con un poco más de ánimo. La Ame preparó desayuno como de costumbre y llamó a una de sus hijas para contarle. Después llamó a la doctora la que le indicó exactamente lo mismo que ella estaba haciendo. Es decir, darle analgésicos y ponerle calor. Ella le hizo cariño en la zona que le dolía, le dio masajes y le puso crema. Hizo lo que pudo. Sin embargo, Germán seguía quejándose, el dolor era intenso y la Ame lo sentía como si fuera en su propio cuello. Llevaba más de medio siglo unida a ese hombre y lo conocía lo suficiente como para saber que ese dolor era real. El martes por la mañana Germán presentó un poco de fiebre. Esto no era bueno, pensó. ¿Por qué a consecuencia de una caída su marido podía tener fiebre? Esto lo único que indicaba era que había una infección. Solo el hecho de pensarlo hizo que la recorriera un escalofrío desde la punta de su cabello hasta los pies. Se asustó y se preguntó, ¿infección?, pero ¿por qué? ¿Dónde podía haberse enfermado si habían estado tan protegidos, tan cuidados, tan aislados? Llamó a la doctora y ella le indicó que lo llevaran a un servicio de urgencia, ya no se podía esperar.

La Ame se persignó, rezó, tomó el teléfono y llamó a su hija menor, Paula, que vivía a menos de tres kilómetros de su casa. Ella sabría qué hacer, no tenía dudas de ello. Las malas noches, el cansancio y el temor la estaban afectando. Su querido Germán tendría que salir de su lugar protegido, de su oasis y entrar en un sector que podía estar lleno de coronavirus, pero ¿qué más podían hacer? Se imaginaba una de esas películas de cine en donde hay una catástrofe, un apocalipsis zombi o alguna enfermedad y los sobrevivientes quedan protegidos por un fino equilibrio que, evidentemente, se rompe y se desencadena la trama de la película. En este caso se sentía viviendo lo mismo. Durante dos meses se habían estado protegiendo del coronavirus en su parcela. Pero ahora debían salir de ahí al mundo exterior exponiéndose, porque si no llevaban a Germán a un servicio de urgencia para que recibiera atención médica, esto se podía complicar.

Eran las diez de la mañana y Paula estaba ayudando a sus dos hijos menores en sus clases en línea. Debido a la pandemia, desde hace dos meses que los colegios habían cerrado y los estudiantes recibían clases virtuales por internet. Paula tenía cuatro hijos, dos en secundaria y dos en primaria. Justamente, los dos más pequeños requerían su apoyo constante cuando estaban en clases. La menor cursaba primer año de enseñanza básica y estaba aprendiendo a leer y a escribir; el segundo más pequeño ya estaba en 4to año de enseñanza básica y en matemáticas estaba aprendiendo a multiplicar y dividir. Paula se dividía entre las multiplicaciones de José, las frases que estaba escribiendo Emilia y algunos quehaceres domésticos, como ordenar su pieza y hacer algo de aseo, cuando recibió el llamado de su madre. La Ame estaba asustada, casi lloraba por el teléfono, pero trataba de mantenerse tranquila, entera, estoica y le dijo sin mediar frases de saludo, "Paula, tu papá está con fiebre y hay que llevarlo a la urgencia". Paula se tuvo que sentar para poder digerir lo que su madre le estaba diciendo. ¿Entendía ella lo que le estaba pidiendo? Es decir, tenía que llevar a su papá, al reino del coronavirus. De solo pensarlo se estremecía. Pero sabía que la Ame no exageraba. Si la había llamado para decirle eso era porque realmente había que llevarlo. "Ok mamá, déjame organizar las cosas en mi casa y salgo para allá. Dame treinta o cuarenta minutos". Paula llamó a su hijo mayor. Estaba en clases, pero la situación ameritaba esta interrupción. Agustín, un muchacho de diez y seis años con un talento musical único y una personalidad responsable, inmediatamente secundó a su mamá. La escuchó con atención y rápidamente se pudo dar cuenta que la situación era complicada. "No te preocupes, yo me quedo a cargo". Paula tenía una familia numerosa y eso la obligaba a ser organizada. Sacó de la parte alta del refrigerador comida que tenía congelada y le dio las instrucciones para el almuerzo a Agustín. Hecho esto se fue a duchar y a vestir, y en exactos treinta minutos estaba llamando a su madre para que le abriera el portón de entrada. Cuando se bajó del auto, estaba su mamá esperándola. Paula la abrazó fuertemente y le dijo, ya mamita, tranquila. Yo me lo llevo inmediatamente a la urgencia. Te estaré llamando. "Sí, mi amor", dijo la Ame más tranquila. Tenía fe en que Paula luego la estaría llamando para decirle que todo estaba bien y que ya estaban volviendo a la casa. No podía dejar de pensar en el coronavirus y lo peligroso que era ir a un servicio de urgencia, pero ya no había otra salida. "Chao viejito", le dijo la Ame a Germán mientras se subía al auto, "te espero a comer". Y vio en cámara lenta como se alejaban hasta desaparecer por el portón, sin poder evitar el escalofrío que la recorrió. Luis, que había sido un espectador discreto y silente, la abrazó. Vamos, le dijo, hace frío acá afuera. No te vayas a enfermar tú también.

– URGENCIA –

Paula era una mujer de 45 años, con una energía como pocas personas. Madre de 4 hijos, publicista de profesión, pero hace años había tomado la decisión de dejar de trabajar para dedicarse a su familia y a sus hijos, mientras eran pequeños. Otra gran decisión que había tomado con su marido fue la de ir a vivir a Pirque, una zona rural al sur de Santiago. Desde que se habían casado habían vivido en Santiago y ahora, con su marido querían la tranquilidad de vivir en un sector alejado del ajetreo de la gran ciudad. Se compraron una parcela y se construyeron una casa que su marido diseñó, además de supervisar la construcción. Rápidamente, se integraron a la comunidad, colocaron a sus hijos en el colegio y pasaron a ser parte importante de todas las actividades que se realizaban. Ella tenía una personalidad encantadora, siempre rodeada de amigos e incapaz de decir que no a ninguna invitación. Por lo mismo, se organizaba con facilidad y había criado a sus hijos muy autónomos. Por eso, no le costó salir cuando la llamó la Ame.

Estaba preocupada, sabía que los servicios de urgencia estaban colapsados por la pandemia. Entonces decidió llamar a la Chica, para pedirle su opinión. Ella, ya sabía lo que pasaba, la Ame la había llamado para contarle, así que apenas le sonó el teléfono, le contestó a Paula.

—Hola, voy con el papá camino a la urgencia.

—Así supe, dijo la Chica. Maneja con cuidado y cuídense por favor. Manténganse lejos de la gente y tengan bastante alcohol gel.

—Así lo haremos.

Ambas creyeron que lo mejor era ir a la urgencia de la clínica Amber. Estaba cerca, por lo que podía llegar muy rápido. Germán iba callado, soportando tranquilamente su dolor, para no asustar, ni poner nerviosa a Paula. A dos cuadras de la entrada a la urgencia, había mucha congestión, lo cual era muy inusual, porque, en general, la entrada era muy expedita. Ok, pensó Paula, debe ser por el coronavirus, mientras avanzaba lentamente. Cuando llevaba poco más de diez minutos esperando y se había movido solo unos cuantos metros, decidió que no era bueno persistir en tratar de atender a su papá en la urgencia de esta clínica, ya que, si había congestión en la entrada, probablemente estaba muy colapsada y tardarían horas en atenderlo. Puso el señalizador, pidió la pasada y se salió de la columna de vehículos que buscaban una oportunidad para entrar al estacionamiento de la urgencia.

Decidió ir a la clínica AVT que estaba un poco más lejos, pero era más grande. Tenía un gran estacionamiento y mayor capacidad. Seguramente ahí no tendría problemas para que atendieran a su papá. No lo volvió a pensar y se puso en camino. Santiago tenía comunas en cuarentena, por lo que el tráfico estaba rápido. Paula se sintió aliviada cuando constató eso.

—Nos vamos a demorar unos quince minutos más papá, le dijo a Germán, tomándole la mano. No te preocupes, ya vamos a llegar. Germán asintió con la cabeza, tenía los ojos cerrados y trataba de no pensar. Estaba completamente entregado a lo que sucediera.

Paula tomó la calle por la que se entraba a la urgencia de la clínica AVT y se encontró con una columna de vehículos esperando para entrar al estacionamiento. Esto no puede ser, pensó. Cómo es posible que esté todo tan lleno. Lo que había visto en los noticieros, lo estaba viviendo en carne propia. Ok, se dijo. Ella jamás se dejaba abatir. La tercera es la vencida, pensó. La clínica Esmeralda, es más grande, está más lejos y, probablemente, está menos congestionada. No perdió el tiempo en la clínica AVT y cambió de dirección. Ni siquiera le dijo a Germán, para no descorazonarlo y solo le apretó la mano. Apretón que Germán devolvió con ternura. Miró su celular y vio en Waze que se demorarían treinta y cinco minutos en llegar, gracias a que había menos tráfico que lo habitual. Ya llevaban cerca de sesenta minutos, desde que habían salido de la casa.

Paula no estaba acostumbrada a manejar rápido. Siempre andaba con sus hijos en su van y por lo mismo era muy prudente. Pero a estas alturas ya estaba nerviosa. Solo quería llegar pronto a un servicio de urgencia y que personal médico calificado revisara a su papá. No creía que tuviera nada grave, más bien eso era lo que esperaba. Pero la rondaba el fantasma del covid. Solo pensar en que pudiera tener el virus la asustaba. Y si tenía, ¿cómo se había contagiado? Intentaba alejar estos pensamientos de su mente. Trató de sintonizar la radio, pero solo se escuchaban noticias relacionadas con la pandemia. Apagó la radio, no era lo que quería escuchar. Le habló a Germán,

—¿Cómo te sientes papito?, a lo que Germán respondió con voz muy baja,

—Me duele mucho, pero voy a resistir.

A Paula se le llenaron los ojos de lágrimas. ¿Cómo podía evitarle el dolor? Solo apurándose. Sin dejar de lado su prudencia habitual, aceleró la marcha para llegar lo antes posible a la clínica Esmeralda.

Llegando al estacionamiento de la urgencia, también encontró congestión, pero menos que en las otras clínicas. En la entrada le preguntaron si tenía síntomas respiratorios o fiebre, a lo que Paula asintió. Por el camino de la izquierda, le indicaron, que correspondía a la urgencia covid. "Está bien", dijo Paula y avanzó en esa dirección. A pesar de haber muchos vehículos, no demoró en estacionar. Se bajó y fue en búsqueda de una silla de ruedas, ya que Germán estaba muy débil como para caminar los, aproximadamente, doscientos metros que separaban el auto de la entrada. "Vengo al tiro papá", y se alejó rápidamente. Volvió en tres minutos empujando con determinación una silla de ruedas. Ayudó a Germán a sentarse. Listo, lo peor ya había pasado.

Ahora esperaba que en cosa de pocos minutos su padre estuviera siendo atendido por personal médico.

No se equivocó, efectivamente apenas cruzó la urgencia le preguntaron mientras caminaba que síntomas tenía y le indicaron hacia dónde dirigirse. Solo dio el nombre y rut, y los hicieron pasar inmediatamente a un box de atención. Paula pudo por fin respirar. Ahora su padre estaba siendo atendido, estaba en manos expertas.

Aquí es donde Germán empieza su viaje al interior de la clínica y vive situaciones que jamás se habría imaginado que viviría.

Vio a Paula acercarse con la silla de ruedas y apoyado en ella caminó hasta sentarse. Luego se dejó llevar. Se sentía en las nubes, como si flotara amarrado a la silla de ruedas. Luego vio una luz que comenzó a acercarse, a hacerse más grande, que lo iba a envolver, como en una gran explosión. ¿Por qué Paula lo empujaba hacía allá? ¿Es que no veía que avanzaban hacia una explosión? Se preguntaba esto cuando se abrió una mampara y se encontró en un pasillo muy iluminado. Quienes caminaban a su lado también flotaban, como él. Pero, claramente, eran personas con algún tipo de vestimenta espacial pues estaban enfundados en sus trajes blancos, usaban mascarillas y unas especies de pantallas plásticas sobre la cara. Probablemente, había algo en este aire espacial que era tóxico y era necesario protegerse. Germán se tocó su rostro y confirmó que él también tenía ese tipo de protección. Eso lo tranquilizó. Seguramente estaba en algún planeta lejano, muy lejano. Pero, ¿cómo había llegado ahí? No importaba cómo, estaba con Paula y eso lo calmaba. Mientras estuviera ella, su hija menor, nada malo le pasaría. Paula empujó su silla hasta una jaula que en el medio tenía un camastro, feo, desvencijado, mal pintado, y con grandes sogas. Una de las personas vestidas de blanco le pidió que se recostara. Germán no quería, pero al ver que Paula le decía que sí, se atrevió. Nuevamente, se dejó llevar, confiaba en ella, en nadie más. Sintió un dolor tenue en un brazo, algo así como un pinchazo. Miró, pero no vio nada, solo que le conectaron una manguera. Quería seguir flotando, le gustaba esa sensación, pero esa gente de blanco no quería que flotara, lo amarraron con sogas. Germán miró a Paula, pero la vio alejarse. No porque ella caminara hacia otro lugar, sino que mientras la miraba se hacía cada vez más pequeña, hasta que desapareció. Ahora había quedado completamente solo con estas personas que no conocía. Quiso llamar a Paula, pero no pudo, ningún ruido pudo salir desde su garganta. Estaba completamente mudo. Por más que quisiera y lo intentara, quería gritar, pero no podía. En ese momento se vio a sí mismo, sentado en una banca en obra, en un gran pasillo oscuro, con muy poca luz. Le llamó la atención el gran brazalete naranjo que tenía en su muñeca derecha. Lo miró y se quedó profundamente dormido.

Cuando despertó, estaba al lado de su cama un hombre de contextura media, probablemente de un metro ochenta y cinco. Tenía mascarilla, cofia y una pantalla plástica cubriendo su rostro.

—Hola tío, ¿me reconoce?, dijo el hombre, apartándose la mascarilla por unos segundos para que Germán le pudiera ver el rostro. Soy Rodrigo, amigo de la Chica. Soy médico en esta clínica y vengo a ver cómo está.

—Sí, por supuesto, dijo Germán de inmediato, pero solo por cortesía, porque no tenía idea de quién era.

Con mucha familiaridad el hombre le habló de sus hijas, de la Ame, de sus nietos. Le dijo que estaba hospitalizado hace algunos días, y que tenía una buena y una mala noticia que darle. Eso llamó la atención de Germán quien le dijo inmediatamente, que le contara las dos noticias. "Ok", le dijo el médico, "la buena es que no tiene covid, pero la mala es que tiene una infección, que todavía no podemos encontrar donde está el foco. Le están haciendo varios exámenes para poder determinar dónde está alojada la bacteria que se encontró en su sangre". Le dijo también que todos estaban preocupados por él y que no podían visitarlo por algo que estaba pasando en la ciudad, en el país y en el mundo y volvió a hablar de covid. Parece que era una enfermedad terrible y era peligroso salir, pensó Germán. No entendía bien lo que le decía, porque su mente le estaba jugando malas pasadas. Mientras este señor le hablaba, Germán lo veía con nariz y pelo de payaso, después lo veía con pelo rubio o cara chata, algo parecido a las aplicaciones de filtros que deforman el rostro. Germán sonreía, mientras el señor hablaba, y asentía a todo lo que le decía para no ser descortés y seguía divirtiéndose con todas las deformaciones y distintas formas del rostro que aparecían frente a sus ojos. Difícilmente podía concentrarse en lo que le hablaba, aunque le dijo que distintas personas le mandaban saludos, pero él seguía sin prestarle atención. De pronto, levantó un bolsón escolar de cuero, de esos de antaño, como los que usaba Germán para llevar sus libros y cuadernos al colegio cuando era un escolar, y sacó una serie de fotografías grandes. Probablemente, de treinta o cuarenta centímetros y las pegó en la pared del frente. Germán las vio y agradeció, solo porque era educado, pero no tenía idea quienes eran las personas de las fotografías. El hombre insistió en que eran importantes para él y que le ayudarían a mantenerse en contacto con su familia. Germán le volvió a agradecer. Al final, el hombre tenía razón, Germán no sabe por qué, cada vez que lo cambiaron de lugar, pedía que tuvieran cuidado con las fotografías y que no las perdieran. No sabía quiénes eran, pero sí, que eran importantes para él.

– LA LLAMADA –

Eran las 4:05 de la madrugada del domingo cuando sonó el teléfono de la Chica. Ella estaba dormida, profundamente dormida con la tranquilidad de que sus cuatro hijos dormían en casa. Estaban en cuarentena desde el jueves pasado, por la pandemia de covid, así que ninguno de sus niños había podido salir con amigos. No lograba abrir los ojos, ¿por qué la podían estar llamando a esa hora? De pronto lo pudo ver con claridad. Su padre estaba hospitalizado desde el martes, pero ayer sábado había tenido una clara mejoría, ¿por qué la llamarían ahora? Abrió los ojos y a tientas buscó en su velador el teléfono que no paraba de vibrar. Lo tomó y rápidamente tocó el teléfono verde en la pantalla y contestó.

—Buenas noches, se escuchó del otro lado, soy el doctor Cisternas, neurólogo de la clínica Esmeralda.

—Buenas noches, se apuró en contestar la Chica. ¿Pasa algo?, ¿Por qué me está llamando?

Dijo estas frases y sintió una bomba en su cabeza. Sintió lo tonto que sonaban sus preguntas. Era obvio que pasaba algo con Germán, si no, no la estarían llamando y menos a esta hora. Vio con toda nitidez que la mejoría que ayer había experimentado su papá, se desvanecía. Se estremeció y trató de concentrarse al máximo para poder entender qué pasaba y qué tenía que decirle el doctor Cisternas. "Anoche le hicimos a su padre una Resonancia Nuclear Magnética en la columna cervical, pues seguimos buscando el foco de la infección". Con esta sola frase la Chica pensó, ¿por qué seguían buscando el foco, si ayer lo habían encontrado y era el oído?, Pero no dijo nada, no se animó a interrumpir. "Y lo encontramos", continuó diciendo el médico. ¿Cómo, otro foco entonces?, volvió a pensar, pero continuó callada tratando de entender lo que escuchaba. "Su padre tiene una infección en la médula cervical que podría provocarle un daño irreparable". La Chica estaba sentada en la cama y no sabía qué decir, por lo que lo único que se le ocurrió fue:

—Y eso ¿se puede tratar con antibióticos, doctor?

—Así es, se apuró en responder el médico, pero requiere una cirugía, la cual hay que hacer a la brevedad.

—¿Qué significa a la brevedad?, preguntó.

—El día de hoy probablemente, dijo el médico. He llamado a un neurocirujano para que revise las imágenes y él nos indique los pasos a seguir. La llamé antes de tener su opinión porque su padre requiere una cirugía urgente y ustedes tienen que dar la autorización. En cuanto el neurocirujano revise las imágenes, la llamará y le indicará cómo proceder.

—Muchas gracias doctor, fue lo único que se animó a decir. No se atrevió a preguntar nada más.

Colgó la llamada y se quedó en silencio. Su marido, que se había incorporado y la estaba abrazando, había escuchado toda la conversación. Era mucha información la que había recibido en pocos minutos a las cuatro de la madrugada, y recién la empezaba a procesar. Es decir, ¿a su padre le abrirían la espalda, la columna en su parte alta, para tratar una infección? ¿Eso era? Trataba de recordar al máximo en forma textual las palabras del médico, pero llegaba a la misma conclusión. A su padre debían operarlo, abrirle la columna, limpiarle la infección.

Solo habían pasado diez minutos desde la primera llamada y volvió a vibrar el teléfono. La Chica contestó, y escuchó:

—Buenas noches, soy el doctor Martínez, neurocirujano.

¿Ya la estaba llamando el neurocirujano?, pensó. Es decir, había transcurrido muy poco tiempo entre la primera y la segunda llamada, esto era malo, era muy malo. Lo que tenía su padre era grave, si no, no la llamarían con tanta premura.

—Muy buenas noches doctor, dijo la Chica con la voz más entera que pudo tener.

—Sé que la llamó el Dr. Cisternas y le explicó que su padre tiene una infección que le está apretando la médula, por lo que es importante hacer la cirugía lo antes posible. De esta manera se descomprime la médula y se limpia la infección. Si no se hace esta operación, su padre puede quedar tetrapléjico. No sabemos cuál es el daño actual de la médula, pero mientras antes se opere, mejor. La situación de la clínica está complicada por la pandemia, por lo que, para poder operar en la tarde, yo debería pedir el pabellón ahora. ¿Me da su autorización?

La Chica se quedó en blanco y lo único que atinó a decir fue:

—Doctor, somos tres hermanos y mi mamá. No puedo tomar esa decisión yo sola. Tengo que conversarlo con ellos.

—Me imagino, dijo el médico, pero por favor, hágamelo saber lo antes posible para organizar la cirugía.

—Así será doctor. Que esté bien.

Se quedó pensando que todo esto era demasiado apresurado, como le pedían tomar ese tipo de decisiones con esa rapidez. No había tenido tiempo para pensar, al menos para buscar en google algo más de información para entender qué es lo que tenía su papá. Era de madrugada, no era tiempo de estar llamando a sus amigos médicos para preguntarles. Fue entonces cuando realmente se dio cuenta de la gravedad de su padre y que la premura se debía a eso. No era realmente una cirugía electiva. No lo pensó más y llamó a Paula, su hermana.

Al igual que la Chica, Paula fue sorprendida en el medio de su sueño por esta llamada telefónica. Rápidamente contestó y le preguntó:

—¿Pasó algo con el papá?

Esa pregunta le facilitó la tarea y rápidamente explicó a su hermana sus conversaciones con ambos médicos. Acordaron las dos averiguar más cada una por su lado de qué se trataba lo que tenía Germán y también no decirle nada a la Ame, para no preocuparla. Ya le contarían cuando fuera prudente y necesario. Paula le preguntó a su suegra, enfermera de profesión, quien le dijo que, si la habían llamado a esa hora, era realmente importante. La Chica habló con sus amigos médicos, quienes también le dijeron que la cirugía se veía como la única opción. Ya eran las 6:00 de la madrugada cuando ambas hermanas estaban llegando al convencimiento de que no había otra salida y que la cirugía era necesaria.

Desde que su marido, estaba hospitalizado hace cinco días, la Ame dormía poco. Pasaba su tiempo rezando o pensando en cómo organizaría sus actividades cuando Germán volviera. Ayer había mostrado una mejoría, por lo que ella suponía que en un par de días lo darían de alta y podría volver a su lado. Estaba pensando en que, probablemente, tendría unos días de reposo antes de volver a sus actividades habituales. Debido a la pandemia no había habido eventos desde febrero pasado, por lo que los trabajos estaban reducidos a una mínima expresión y solo tenían que ver con la mantención del centro de eventos. Estaba absorta en sus pensamientos cuando entró una llamada múltiple a su teléfono. La Chica y Paula, a las 6:00 de la mañana.

Con temor contestó y escuchó atentamente lo que sus hijas le tenían que decir. Le explicaron lo de la infección y que era necesario hacer una cirugía para descomprimir, probablemente esa misma tarde. Que si no se hacía, las consecuencias podían ser tetraplejia, pero tampoco tenían claridad sobre el éxito de la cirugía y si es que el daño ya estaba hecho. La Ame escuchó con tranquilidad, mientras que en forma automática su mano pasaba por encima de su pelo ordenándolo. Escuchó, escuchó y escuchó, después de unos minutos preguntó:

—¿Va a quedar bien?

Hubo un silencio al otro lado. Se escuchó suavemente a la Chica contestar:

—No tenemos ninguna certeza mamita de que todo salga bien, pero por lo que me explicó el médico, si no se hace la cirugía, si hay certeza de que quede tetrapléjico.

—No hay más que decir, dijo la Ame tranquila, entonces no tenemos opciones, hay que operarlo. Así es, contestaron al unísono las hermanas.

—Por favor avisen a su hermano, finalizó la Ame, refiriéndose a su hijo mayor, que vivía con su familia hace casi 10 años en Buenos Aires, la capital Argentina.

Eran las tres de la tarde y la Chica se preparaba para ir a la clínica Esmeralda. Había salido muy poco a la calle desde mediados de marzo. Solo para cosas esenciales, ya que tanto ella como sus hijos estaban trabajando y estudiando desde la casa, debido a la pandemia. Más aún ahora, que se encontraban hace casi una semana en cuarentena. No había visitado a su padre mientras estaba hospitalizado, ya que no estaba permitido. Pero ahora era diferente. Tenía que ir, hablar con el médico y entregar la autorización formal de la familia para que se realizara esta cirugía. Iba a estar con su padre, no sabía cómo lo encontraría.

Su familia estaba preocupada, iría a meterse a la boca del coronavirus, una clínica. Sus hijos y marido la miraban con temor. No querían que saliera, no querían que fuera a la clínica. Le pidieron que no se acercara al Tata, porque si ella estaba contagiada sin saberlo, lo podía contagiar a él. Ella los tranquilizó, "no voy a estar con el Tata, solo voy a dar la autorización y voy a acompañar desde afuera".

Revisó sus cosas, llevaba suficientes mascarillas para cambiarse cuantas veces fuera necesario, alcohol gel, el pelo tomado. Estaba vestida con un pantalón viejo y un polerón, con suficientes bolsillos para llevar las cosas que necesitara. No llevaría bolso, mochila o cartera, para evitar más objetos que pudieran entrar en contacto con el coronavirus. Cuando volviera a su casa, su ropa se iría directo a la lavadora y ella se ducharía, de manera de eliminar el virus, si es que lo tenía. Así se expondrían menos, tanto ella, como su familia. Se despidió con un beso a cada uno de sus hijos y marido, como lo solía hacer cada vez que salía. Se subió al auto y se fue.

Había muy poca gente en la calle. Nunca había visto su ciudad tan vacía. No circulaban autos y los lugares que normalmente estaban atestados de gente, se veían vacíos. Reflexionaba en lo extraño que era esto del coronavirus. ¿Cómo era posible que una ciudad de aproximadamente siete millones de habitantes se detuviera por temor a contagiarse de un virus? Parecía sacado de una película de ciencia ficción.

Se demoró muy poco en llegar a la clínica, y entró por un acceso diferente al que se usaba para urgencia covid, encontrando el estacionamiento prácticamente vacío. Esto llamó poderosamente su atención. En su camino hacia el tercer piso, que es donde estaba su padre y donde quedó de reunirse con el médico neurocirujano, observó que se estaban haciendo muchos trabajos. Un sector del estacionamiento había sido habilitado como bodega, donde se estaban dejando muchos escritorios y sillas. Probablemente, esas oficinas las están reacondicionando, pensó. Tomó la escalera eléctrica y observó que el segundo y cuarto piso de la clínica estaban completamente bloqueados para las visitas y en los accesos cerrados se veían grandes bandas amarillas que indicaban: "Peligro piso covid". A su vez se encontró con maestros carpinteros que estaban habilitando espacios para aumentar el número de camas de atención para los enfermos de este nuevo virus. Se sintió asustada, estaba viendo con sus propios ojos la realidad de muchos hospitales y clínicas y cómo se habilitaban espacios para poder responder a la creciente demanda de pacientes con esta enfermedad.

Llegó al piso tres. No encontró gente en la recepción. Solo vio enfermeras que se movían aceleradamente de un lado para otro. No quiso molestarlas y prefirió llamar al doctor Martínez para comunicarle que lo estaba esperando en el recibidor. A los diez minutos apareció en la sala un médico de aproximadamente un metro ochenta y cinco, y a juzgar por lo que se lograba apreciar entre lo que dejaba ver la mascarilla y la cofia, probablemente tenía cerca de cincuenta años. Qué extraño le resultaba conversar con quien en pocas horas estaría en un pabellón, haciendo una complicada cirugía a su padre de casi ochenta años, al cual probablemente después no podría reconocer, ya que no tuvo oportunidad de ver su rostro. Detrás de sus lentes se escondían unos ojos cafés, inquietos e inteligentes y la Chica pudo ver por su expresión que el médico se esforzaba en explicarle las cosas de manera fácil, pero sin ocultar la dureza de la información que le estaba entregando. A su padre le harían una cirugía de, aproximadamente, seis horas de duración, en donde abrirían las vértebras para descomprimir la médula, eso era en fácil. La Chica firmó los papeles que le indicó el médico y, posteriormente, habló con la anestesista, quien le indicó que era requerido entubar a Germán y que saldría con respirador mecánico directamente a la Unidad de Tratamientos Intensivo, también conocida como UTI. Bueno, ya no había nada que hacer, solo esperar que se lo llevaran a pabellón.

No creyó que fuera posible, por eso preguntó tímidamente si podía entrar a ver a su padre antes de la operación. La respuesta la sorprendió. "Por supuesto, puede ir a la habitación y acompañarlo hasta que lo vayan a buscar", le dijo una enfermera. No lo volvió a pensar y se encaminó a la habitación y entró.

—Hola papito, ¿cómo estás?, dijo cuando lo vio.

Él estaba en la cama, plenamente consciente de que estaba hospitalizado. Recordaba poco que se había caído y no tenía claridad de lo que le había pasado. Algo ya le habían dicho las enfermeras de que le harían una "pequeña" cirugía.

—Hola mi reina, le dijo con su habitual saludo. Me dijeron que me iban a operar, dijo con incredulidad y sus inquietos ojos revisaron rápidamente la expresión en la cara de su hija.

—Así es papá, tienes una infección y la tienen que limpiar. Por eso vine para acá y te estaré acompañando todo el rato que dure esta cirugía. La mamá no puede venir a acompañarte por lo del coronavirus, así que yo vine en representación de todos. Dijo esta frase de corrido y con un semblante y voz tranquilos, que nada hacían notar el estado de nervios y angustia que realmente tenía.

Ella no sabía realmente si su padre saldría de la operación, pero eso lo sabía ocultar muy bien. No supo si él le creyó o no, pero él también le habló como si nada estuviera pasando, como si la cirugía fuera un simple procedimiento, del cual saldría en pocos minutos y luego podría irse a la casa. Se tomaron de las manos, y conversaron por unos pocos minutos, hasta que vinieron a prepararlo. Mientras lo preparaban para la cirugía, la Chica observó las paredes de la habitación y vio pegadas las fotografías que había preparado para su padre y que Rodrigo le había llevado cuando lo visitó. Le pidieron que se llevara las fotos con las que había sido decorada la habitación, ya que después de la cirugía se iría a la UTI y no volvería a este piso. Ella las guardó con cuidado y también guardó el celular de su papá.

No fue una cirugía fácil, le dijo el médico cuando salió del pabellón a las dos de la madrugada. La infección era mayor de lo esperado y no se pudo operar desde adelante, desde el pecho como estaba programado, sino que hubo que operarlo por la espalda. El neurocirujano le daba detalles de la cirugía y de lo que se había hecho. La Chica lo escuchaba, pero no estaba segura de entender todo lo que le decía. Estaba agotada. Ya llevaba casi veinticuatro horas de tensión desde la primera llamada esa madrugada.

Germán comenzó a abrir poco a poco los ojos, pero le era muy difícil. Tenía los párpados muy pesados, por lo que los volvía a cerrar. Sintió en la cara un frescor húmedo, refrescante, sintió que entraba en una nube y que empezaba a flotar. Le gustó, le hubiese encantado quedarse así, era una sensación agradable, nada le dolía, nada le molestaba. No sabe por qué entonces, sus ojos insistían en abrirse. Cuándo lo conseguía, le molestaba la luz que se colaba por todas partes, le molestaban los distintos pititos que daban vueltas en su cabeza, se sentía perdido, no sabía dónde estaba. Por eso cerró nuevamente los ojos y volvió a dejarse envolver por la nube que le daba paz y tranquilidad. No sabe con certeza cuantas veces intentó abrir los ojos y los volvió a cerrar para dejarse abrazar por la tranquilidad.

Hola don Germán, ¿cómo se encuentra?, pasó a ser la frase más escuchada de esa mañana. Llegaba gente, lo saludaba y le decían cosas que él no lograba entender. Se esforzaba, y sabía que estaban hablando español, pero cuando trataba de entender, veía que movían los labios y que había unos sonidos, pero nada de eso le hacía sentido. No se podía mover y de pronto empezó a sentir que se elevaba, que se transportaba. Había sobre su cama una gran luminosidad redonda, con líneas concéntricas y radiales. Él la observaba y veía movimiento en su interior. Veía siluetas, gente pasando. Poco a poco esa luz se fue convirtiendo en un portal que lo estaba llamando, lo estaba invitando a entrar. Se dejó llevar, poco a poco sintió que flotaba y se dejó aspirar.

No entendió cómo ni qué pasó, pero después de pasar por el portal, él se desvaneció y recuerda que apareció en el "Leucotón", un barco de unos quince metros de largo por unos tres metros de ancho. Estaba construido en madera muy firme, finamente cepillada y barnizada. La cubierta relucía, por lo que él se imaginó que los marineros la limpiaban con esmero cada vez que podían. Germán se había sentado en una banca cerca de la proa. Eso le permitía observar toda la embarcación y la tripulación. En la proa tenía un mascarón maravilloso, una gran águila tallada en caoba, preciosa. Con el oleaje se sumergía y volvía a salir escurriéndose el agua como pequeños hilos por entremedio de sus delicadas rendijas. No sabe cuánto tiempo estuvo observando el agua jugueteando con el mascarón. Cada vez que se sumergía, el agua buscaba una rendija distinta para escurrirse y Germán tomaba nota de ello. No sabía por qué le llamaba tanto la atención. Probablemente su espíritu de tallador se extasiaba escrutando esos preciosos recovecos. Estaba absorto en estas observaciones cuando escuchó un grito. Giró su cabeza hacia el lugar desde donde provenía y observó a un marinero robusto dando instrucciones a su tripulación. Era mapuche, pudo notarlo no solo por su contextura y características étnicas, sino que su vestimenta era la tradicional. Aguzó un poco el oído y se dio cuenta que las instrucciones estaban en mapudungun. Le encantó escucharlo, Germán siempre había admirado este pueblo y poder estar allí, con ellos, escuchándolos en su propia lengua, era un regalo. Ellos parecían no notar su presencia. Eso creía él, hasta que un marinero de la tripulación se le acercó y le dijo:

—"Chumleymi (¿cómo estás?)".

Germán que no conocía esta lengua, se sorprendió a sí mismo contestándole en el mismo idioma:

—"Kümelekan (estoy bien), afmatulén (estoy sorprendido)".

En realidad, se sentía perfectamente, y estaba absolutamente embelesado por lo que estaba viviendo. Le parecía un sueño y no quería que terminara. El marinero, que era muy amable, le dijo que se dirigían a Rapa Nui, Isla de Pascua, y que el mar estaba muy tranquilo, por lo que deberían llegar en unas pocas horas. Desembarcarían en Hanga Roa y tomarían unos helados o refrescos en el Bar Pea y luego solo la tripulación volvería al "Leucotón", es decir, él debía quedarse en la Isla. Quiso preguntar que por qué debía quedarse en la Isla, pero el marinero había girado y vuelto sobre sus pasos hacia el centro de la nave, lo que no le dio la oportunidad. Bueno, esperaría a ver qué pasaba, no estaba dentro de sus planes bajarse del "Leucotón", por primera vez estaba en una aventura como esta y no estaba dispuesto a abandonarla, así que buscaría volver a subirse, aunque fuera de polizón.

Tal como le había anticipado el marinero, el mar estaba tranquilo y realmente lo estaba disfrutando. Cuando se dio cuenta que estaba en un barco temió marearse, porque ya le había ocurrido en una oportunidad en Cancún, México, ciudad a la que había ido para participar en el matrimonio de una sobrina. Había ido a un paseo en catamarán organizado por los novios, y al poco rato el oleaje le jugó una muy mala pasada. Se mareó como nunca había sentido en su vida. Fue tanto, que el catamarán, con más de cincuenta personas a bordo, tuvo que volverse a dejarlo a él y a otra invitada que se había sentido igual de mal. Por eso, ahora agradecía de sobremanera que el oleaje fuera suave y que no tuviera que pasar por esa experiencia otra vez.

Estaba atardeciendo cuando llegaron a Rapa Nui. La sola vista desde lejos de la Isla era maravillosa. Poco a poco Germán fue distinguiendo un roquerío que contrastaba entre el azul del mar y el arrebol del cielo. El roquerío se fue acercando y haciéndose más y más grande y pronto Germán pudo distinguir el volcán Rano Kau, el volcán Maunga Terevaka y si se esforzaba un poco más, podía ver los roqueríos "Motu Nui, Motu Iti y Motu Kau Kau", todos frente a Orongo. Habían estado en la Isla una vez con La Ame. Además de disfrutarlo mucho, visitaron cada rincón que pudieron. Estuvieron en las canteras de moai ubicadas en el volcán Ranoraraku, fueron al Ahu Tongariki y se alojaron en una residencia cerca del Ahu Tahai. Se bañaron, o al menos se mojaron los pies en la playa de Anakena y visitaron el museo de Hanga Roa. Sin embargo, la mejor experiencia que vivieron en la isla fue participar de un gran curanto organizado por la familia Teke, para toda la gente de la Isla. Cuando los invitaron, les explicaron que, en tiempos antiguos, un sacerdote misionero, cuyo nombre no recordaba, había asignado a cada familia de la Isla, que en ese momento eran diez, un Santo del santoral católico. De esta manera, ese Santo pasaba a ser una especie de patrono de la familia y cuando era su día, la familia tenía que celebrarlo el domingo más cercano, haciendo un gran curanto para todos los habitantes, quienes podían llegar a la invitación, solo si habían asistido a la misa dominical. Esta tradición era respetada por las familias fundadoras, quienes se preparaban dos semanas antes de la celebración, recolectando, pescando o comprando todas las materias primas requeridas. También aceptaban donaciones, por lo que no era raro ver isleños que fueran a pescar y que luego llevaran el resultado de su jornada a la familia organizadora del curanto. Germán y la Ame, habían estado alojados muy cerca de donde se estaba organizando el curanto, por lo que vieron cuando cavaron el hoyo, lo recubrieron con piedras y luego le prendieron fuego. Lo calentaron toda una noche y al día siguiente empezaron a colocar los peces por capas. También los invitaron a preparar un gran ceviche. Cortaban el pescado en pequeñas y delgadas tiras, las que iban colocando en una sola capa en grandes bandejas. Después de esto, ellos ayudaron a colocarles un aliño, mezcla de limón y salsa de soya, que les daba un sabor delicioso. ¿Cómo le darían ceviche a tanta gente?, ¿cómo se servirían los platos? La tradición que originalmente era extendida solo a los isleños, actualmente incluía también a los turistas, por lo que era realmente mucha gente.

Llegó el día del curanto y Germán y la Ame se arreglaron para asistir a la misa en el día de San Gabriel. La ceremonia fue maravillosa, porque había una fusión entre el rito religioso católico y el espíritu de la isla. Los cantos y bailes, con los que amenizaron la ceremonia eran extraordinarios. Duró lo que dura la misa, entre cincuenta minutos y una hora, pero Germán y la Ame sintieron que fueron solo unos pocos minutos.

Cuando terminó, se fueron caminando al lugar del curanto y vieron una larga fila de gente que estaba esperando para entrar. Todos portaban su plato, vaso y cubiertos. Germán y la Ame rodearon la fila y entraron por una puerta lateral. Ellos habían participado en la preparación y eso les daba ciertos privilegios. En el espacio interior se alistaba un grupo musical que estaba tamborileando pegajosos ritmos pascuenses. Ambos estaban maravillados, viviendo una experiencia única, incorporados a esta familia pascuense. A las 12:00 horas se abrieron las puertas puntualmente y la gente entró con toda tranquilidad a degustar lo que la familia Teke había preparado. Si alguien no había llevado plato, no era problema, una hoja de plátano cortada en forma de cuadrado cumplía esa función y los dedos, la de los cubiertos. Germán y la Ame se deleitaron repetidas veces con el ceviche que habían ayudado a preparar y se sintieron profundamente dichosos y privilegiados de conocer esta tradición desde adentro, como un pascuense más.

Germán seguía ensimismado en sus pensamientos recordando su visita a la isla, cuando se acercaron al muelle y con la pericia que suelen tener los marineros, en cuestión de minutos, el "Leucotón" ya estaba amarrado en un palo que estaba ahí para ese objetivo. Él bajó junto con toda la tripulación y se dirigía con el grupo al "Pea", sintiéndose uno más de ellos, cuando le pareció ver una silueta muy conocida. Se tuvo que dar vuelta para seguirla con la mirada. Sí, no había duda, era la Chica. ¿Qué hacía aquí? Se separó del grupo y siguió a la mujer.

—"Chica, Chica", le dijo en voz baja, para no llamar mucho la atención.

Pero la Chica no lo escuchó. Apuró el paso y quedó muy cerca de ella. Lejos y ya casi como un murmullo, se sentía la conversación en mapudungún de la tripulación del "Leucotón".

—"Chica", volvió a decir.

Pero ella no parecía notar su presencia. Dobló en la esquina y seguía caminando rápido, con mucha determinación, quizás hacia qué lugar. Germán se desesperó, era imposible seguirle el paso, ¿cómo su hija no lo escuchaba?

—"¡Chica!", gritó con desesperación, varias veces hasta que ella se detuvo, se dio media vuelta y por fin pareció notarlo.

—Papá, ¿cómo estás? ¿Qué haces aquí?, se apuró en preguntar, pero no esperó respuesta alguna por parte de Germán. Ven, tengo que esconderte, no puedes estar aquí, es peligroso.

Y sin decir más, lo tomó del brazo y lo dirigió hasta una casa de puerta pequeña y estrecha. La Chica miró a todas partes antes de empujarlo y entrar. Una vez adentro quedó embelesado. Era mucho más amplio de lo que parecía desde el exterior. Era una biblioteca. Qué maravilla más grande para él que le encantaban los libros. Ella entró detrás de él y le dijo en voz baja.

—Papá, nadie puede saber que estás aquí. Los dueños de esta biblioteca son amigos míos, así que no te van a delatar. Yo me voy a preocupar por ti. Te traeré comida y buscaré una forma de evacuarte hacia el continente. Mientras, puedes entretenerte hojeando algunos libros.

Germán no se podía quejar, le parecía un excelente panorama. No había terminado aún de hablar, cuando la Chica desapareció rápidamente por la única puerta que había en la habitación.

Germán estaba organizándose para revisar los libros cuando notó un detalle. No llevaba consigo sus lentes de lectura. Qué mala noticia, ¿cómo podría revisar los libros ahora? Esto no lo desanimó e intentó revisar el primer libro que tenía a mano. Lo abrió y lo pudo leer perfectamente. No necesitaba sus lentes. Qué maravilla. Entonces empezó a leer los lomos de los libros y hubo uno que llamó rápidamente su atención. Era uno que trataba sobre la historia de Isla de Pascua. Cómo se había poblado, cómo vivían las distintas familias originarias de la isla, los diferentes conflictos, cómo había sido "descubierta" y cómo había sido sometida y esclavizada por los ingleses. Era un libro extenso, que comenzó a devorar rápidamente. En eso apareció su hija, la que le trajo en unas bandejas de paja, algo así como unas canastas planas, distintos tipos de frutas, para que comiera. Dejó las frutas y rápidamente se fue. ¿Dónde se iba? La próxima vez que la viera se lo preguntaría, pero ahora seguiría leyendo acerca de la historia de Rapa Nui. Estaba muy absorto en su lectura, cuando de un aire acondicionado que estaba arriba de la pared comenzó a salir una nube que parecía vapor o mejor dicho agua atomizada. Se imaginó que era para bajar la temperatura de la habitación, pero en su interior algo le dijo que debía evitar esa nube. Eso hizo y la evitó tanto como pudo. La nube se desvaneció y Germán se volvió a sentar en la silla del pequeño escritorio que había en la habitación y continuó su lectura con gran ansia y concentración. De tanto en tanto comía la fruta que le había traído la Chica. Que rica era, realmente estaba disfrutando este momento. Nuevamente salió vapor, pero esta vez fue mayor cantidad. Con la rapidez que se lo permitieron sus huesos, Germán volvió a esconderse bajo el escritorio. No se disipaba la nube y él comenzó a impacientarse. Llamó a la Chica con fuerza, por si estaba por ahí. Pero no apareció. Él la escuchaba afuera, en la vereda, sentía que conversaba con alguien, por lo que la volvió a llamar gritando con más fuerza. Se abrió la puerta de golpe y desde su escondite, bajo el escritorio vio unas piernas y zapatos que no pertenecían a su hija. Tuvo miedo, se quedó quieto y en silencio. ¿Quién llamó?, dijo una voz suave. Germán no se atrevió a contestar y siguió inmóvil en su escondite. Vio como las piernas rodearon el escritorio, por un lado y otro buscando, pero la persona no lo vio. Las piernas se alejaron, hasta que desaparecieron de la habitación. "Chica, Chica", volvió a gritar Germán. La escuchaba y le desesperaba que no entrara a ver qué pasaba con su padre. Nuevamente entraron las piernas que Germán ya conocía. Se asustó, se tapó la cabeza y oídos. No quería ser visto, tenía temor. Las piernas se acercaron al pequeño escritorio y la persona se agachó.

—¿Qué necesita Germán?, ¿por qué está gritando?

¿La mujer lo conocía?, ¿quién era ella?,

—Estoy incómodo, atinó a decir Germán. No me puedo mover.

—No se preocupe, yo lo voy a ayudar. Pero usted pesa mucho, déjeme ir a buscar ayuda.

Solo dijo esto y la mujer desapareció. En cosa de minutos, volvió acompañada de otra mujer y juntas lo ayudaron a salir de debajo del escritorio. Germán estaba muy agradecido y con lo galante que era, las trató de princesas. Ellas respondieron con una sonrisa. Lo dejaron cómodamente sentado en el escritorio y se fueron. Germán estaba feliz, tranquilo, cuando notó que lo habían dejado atado. ¿Cómo era posible? Es decir, esas mujeres, a las que él galantemente había tratado de princesas lo habían dejado cautivo. Lo habían engañado con sus sonrisas solo para lograr amarrarlo. Y nuevamente escuchaba a la Chica afuera. "Chica, Chica, Chica", siguió gritando no sabe por cuánto tiempo, hasta que se quedó dormido. Pero ella no volvió a entrar, lo abandonó a su suerte en ese lugar.

Cuando despertó no estaba en la biblioteca, estaba en la habitación con la luz potente en el techo que parecía portal. La estaba mirando fijamente cuando llegó una mujer que reconoció inmediatamente a pesar de tener el rostro tapado.

—Hola papá, ¿cómo estás?

Esa voz era como bálsamo para sus oídos. Por fin oía la voz de su hija, la Chica.

Estuvo acompañándolo largo rato. Le tomó las manos y le puso crema en los pies. Ella habló todo el rato, porque Germán seguía entubado y con esa cosa era imposible que pudiera hablar. La Chica consciente de esto, le contaba cosas entretenidas y que ella suponía a su papá le gustaban.

Después de un rato, ella fue a hablar con el médico de turno de la UTI para saber el estado de su papá.

—Está estable, le dijo. En lo físico va avanzando lento, pero bien. El respirador no se le puede quitar, porque la infección era muy grande y el tubo del respirador está apretado. Si se lo sacáramos y se cerrara el conducto, no estamos seguros de poder volverlo a poner, lo que pondría a su padre en serio peligro. Por esa razón esperaremos hasta que se recupere más y sea seguro sacarle el respirador. La Chica, asintió.

—Algo que le pasa a la gente hospitalizada, especialmente cuando son de la tercera edad es que se pierden, continuó el médico.

—¿Cómo es eso?, preguntó.

—Los medicamentos, las luces, la falta de horarios, el día igual que la noche, entre otras cosas, hacen que las personas, sobre todos los mayores, puedan sufrir *delirium*. Esto es que se extravían, no saben dónde están, no saben quién es su familia, no saben qué les pasó. Cuando salen de la hospitalización, normalmente se revierte esta situación y vuelven a la normalidad. Se lo digo, para que usted esté preparada y atenta a que esto le pueda pasar a su papá.

—Entiendo doctor, dijo ella asintiendo con la cabeza, pero sabía que eso no le ocurriría a su papá. Él era Germán, un hombre fuerte, perseverante, tremendamente inteligente, de seguro podría controlar la situación, no se dejaría llevar por esas cosas. Pero igualmente preguntó:

—¿Cómo podemos evitar que esto ocurra?

—Visitándolo en la medida de lo posible. El ver un rostro familiar es un cable de conexión.

Perfecto, pensó la Chica, yo lo visitaré todos los días mientras esté hospitalizado. Ya lleva una semana, a lo más estará otra, pensó.

Era sábado y esta vez lo estaba visitando en la mañana. Llegó a la mampara de vidrio que la separaba de la UTI, agotada después de haber subido los cinco pisos a pie con doble mascarilla. No quería tomar el ascensor por temor al coronavirus y prefería la escalera que era un espacio más abierto. La doble mascarilla, sin lugar a dudas, le restringía el flujo de oxígeno, por eso probablemente llegaba tan agotada. Como otras veces, tocó el citófono, pero nadie atendió. Esperó cinco minutos, pero nadie aparecía. Realmente la clínica se veía vacía. Solo estaba la gente que trabajaba ahí. Nuevamente la Chica observó cómo se seguían habilitando nuevos espacios para abrir más camas para enfermos covid. Seguían aumentando los casos activos de esta enfermedad, y se estaba al borde de tener toda la capacidad hospitalaria copada. Estaba en estas reflexiones cuando una persona del aseo puso su dedo en el lector de huella dactilar de la mampara de la UTI y la puerta se abrió. Ahí aprovechó para entrar. Pasó inmediatamente a la zona de limpieza, lavándose cuidadosa y profusamente las manos. Luego caminó por el pasillo hacia la pieza de su papá. Ya lo había visitado varias veces, por lo que conocía el camino y las rutinas. Su papá ya llevaba dos semanas en la UTI. Recientemente, lo habían podido desconectar del ventilador y ella esperaba con ansias la noticia de que lo transferirían a la UCI. Esta otra unidad, correspondiente a cuidados intermedios, sería un buen paso en la recuperación de su papá.

Cuando se estaba acercando a la habitación 508, la detuvo la enfermera para decirle que su papá había estado muy agitado durante la noche. Que había gritado su nombre, "Chica", muchas veces y que, finalmente, le habían puesto un sedante para que descansara. Por lo tanto, que no le extrañara si lo encontraba muy somnoliento.

—Muchas gracias por avisarme, dijo, y fue donde su papá.

Primera vez que lo veía sin el respirador y se sintió emocionada, muy emocionada. Estaba dormitando. Las enfermeras lo habían afeitado y también le habían cortado el pelo, así que se veía muy ordenado, descansando. La Chica se enterneció cuando lo vio. No lo despertó, lo estaba observando cuando apareció el médico de turno.

Ella salió de la habitación para poder conversar más tranquila. Su padre ha tenido fiebre, le dijo el médico y eso fue como un golpe en la cabeza.

—¿Fiebre?, ¿por qué?, preguntó inmediatamente.

Su padre estaba con varios antibióticos que estaban controlando la infección, ¿qué podía haber pasado?

—Al parecer se infectó la herida. Hemos llamado al neurocirujano, quien va a venir a evaluarlo en el curso de esta mañana.

Dicho esto, apareció el Dr. Martínez, el neurocirujano que lo había operado. La saludó, le dijo que examinaría a su padre y que después conversaban. La Chica asintió con la cabeza. Ella no quiso entrar mientras lo revisaba. Si bien en algún momento de su juventud se planteó estudiar medicina, el temor a las heridas, a los huesos rotos y a las agujas, fue lo que la hizo desistir. Menos podría observar la herida en la espalda de su papá.

"Efectivamente, tiene infectada la herida y debe ser una bacteria que no está cubierta por el tratamiento antibiótico", le dijo al salir el Dr. Martínez, sin ningún preámbulo, ni anestesia. Ella solo atinó a mirarlo, no sabía qué decir; había estado haciendo planes de que Germán pasaría unos días en la UCI y de ahí a la casa. Esto echaba por tierra sus planes. "Hay más", dijo el Dr. Martínez. ¿Qué más le quería decir?, se preguntó la Chica.

—Las evaluaciones neuromotoras de Germán no son buenas. No tiene sensibilidad en las piernas y no las mueve para nada. Además, el brazo derecho lo tiene completamente insensibilizado y solo mueve un poco el izquierdo.

¿Qué le estaba diciendo el médico? ¿Qué no estaba recuperando la movilidad de sus piernas y brazos?

—Pero doctor, hace unos días no movía nada, ni brazos, ni piernas, ahora levanta un poco el brazo izquierdo, eso es un avance, ¿verdad?

—Sí, le dijo el médico, eso es un avance.

Ella era optimista por naturaleza, al igual que su papá, y no vería el vaso medio vacío si es que podía verlo medio lleno.

—Respecto a la infección de la herida, ¿qué significa?, preguntó la Chica.

—Hay que hacer un aseo quirúrgico. Eso quiere decir que hay que abrir la herida, limpiarla, dejar un drenaje puesto y volver a cerrar. Es una cirugía que debe hacerse con anestesia general.

—¿Cómo?, ¿otra cirugía? Entonces ¿no es un procedimiento que se lo puedan hacer en la habitación?, preguntó rápidamente.

—No, no es un procedimiento. Es una cirugía, mucho menos compleja que la anterior, pero es con anestesia general y en pabellón. Debemos hacerla lo antes posible para controlar esta infección y dependiendo del grado de recuperación, se pueden requerir más aseos quirúrgicos en la herida, separados por cuatro a cinco días.

Mientras no se controlara esta nueva infección, era imposible pensar en pasar a Germán a la UCI, por lo que probablemente se quedaría un poco más de tiempo.

—Doctor, mi papá pasó una noche inquieta, llamándome. ¿Puede haber sido por la fiebre o por la infección?

—Es probable, pero no se olvide que los pacientes de edad avanzada tienden a perderse, lo que se conoce como *delirium*, puede que él esté empezando a tener síntomas de eso.

Luego el médico se despidió y entregó a la enfermera la pauta con las instrucciones para preparar a Germán para el aseo quirúrgico al día siguiente.

El día se inició, si es que se puede decir así, como cualquier otro. Entraban y salían enfermeras y auxiliares de enfermería de la habitación de Germán. Le hicieron su aseo diario, le cambiaron las sabanillas de la cama y le tomaron las muestras de sangre para hacer los exámenes requeridos por el médico. Germán ya conocía esta rutina y no le extrañó. Pero en un momento del día, indeterminado para él, llegaron dos hombres grandes, macizos, corpulentos que le dijeron que se lo llevarían. Él no quería ir a ninguna parte, ¿quién había autorizado a que se lo llevaran? ¿Quiénes eran estos hombres? Vamos a otra parte de la clínica, le dijeron y sin decir más, desconectaron algunos cables que mantenían la cama unida a la pieza y lo movieron. La clínica estaba arriba de un cerro, cerca de un aeródromo donde despegaban y aterrizaban aviones. A él lo iban moviendo en una camilla por una ruta preestablecida. Lo subieron a un ascensor vertical, es decir, él quedaba parado, pero como estaba amarrado a la camilla, no se podía ir hacia delante. Era un ascensor como un tubo, como si estuviera en un cohete. Sus acompañantes se subieron con él. Cuando se abrió la puerta, lo estaba esperando Axel Stonberg, un astronauta. Estaba vestido con su traje espacial y tenía la cara completamente tapada por las mascarillas y pantallas plásticas que toda esta gente usaba en este lugar. Seguramente estaban en una atmósfera extraña que obligaba a protegerse de esta manera. Al salir del ascensor vertical, la camilla volvió a quedar en posición horizontal y Axel se acercó a saludarlo, con mucha amabilidad. Germán estaba fascinado, en sus setenta y nueve años, era primera vez que tenía la oportunidad de conversar con un astronauta. ¿Qué le preguntaría?, se le venían muchas preguntas a la cabeza. Quería saber cómo era estar en el espacio, qué se veía, qué se sentía, cómo se preparaba, cómo era un cohete o nave espacial. La verdad es que no tenía tan claro si el astronauta había ido alguna vez al espacio, pero de seguro tenía experiencias muy interesantes para compartir. Miró a su alrededor y vio que Axel había llegado en un avión distinto, no era como los demás. Este avión tenía alas muy largas, extremadamente largas y articuladas. La cabina era pequeña y Axel lo invitó a subirse. Qué emoción lo que estaba viviendo, podría subirse y estar en la cabina de ese extraño avión. Miró a los hombres que lo habían llevado hasta ahí y con las expresiones de sus rostros le indicaron que ellos lo ayudarían. Antes de que lo ayudaran a subir al avión, Axel le dijo que lo subirían boca abajo, porque debían ajustar una parte del avión a su cuello. Germán no entendió para qué, si en realidad solo se quería subir. No estaba interesado realmente en andar en el avión. Pero no alcanzó a decirlo, porque ya lo habían recostado boca abajo. Sintió como le hacían cosas en su espalda que le dolían mucho. Levantó la cabeza y pudo ver que le estaban haciendo una soldadura oxiacetilénica. Él conocía ese tipo de soplete y veía una pequeña llamita azul. De su espalda sacaban unos cables, los unían y los giraban, como cuando se arregla la conexión de un enchufe. Metían el pequeño soplete con la llamita azul en la abertura de su espalda y soldaban los cables, después los tiraban y confirmaban que habían quedado firmemente unidos. Fue mucho el tiempo que estuvieron soldándole cables en la espalda, él no sabe cuánto, porque después de un rato ya no le dolía y se fue quedando dormido.

La Chica estaba inquieta. De acuerdo con lo programado, a las 16:00 horas su papá había entrado a pabellón para que le hicieran el aseo quirúrgico. El médico había quedado de llamarla en cuanto saliera, habían pasado más de dos horas y media y todavía no tenía noticias. Le preocupaba la anestesia general y por qué no decirlo, que su padre se quedara dormido para siempre en el quirófano. De pronto su teléfono celular vibró. Lo miró inmediatamente, y vio que tenía un email de la anestesista que decía: "Todo salió bien, su papá está despertando de la anestesia". Respiró y llamó rápidamente a Paula y la Ame para contarles. Seguramente, en cuanto pudiera, la llamaría el doctor Martínez para darle más detalles, pero ella ya podía estar tranquila.

Se preparaba una vez más para ir a ver a su padre a la UTI, ya le habían hecho la limpieza de la herida, habían controlado esta nueva infección con otro plan de antibióticos y todo indicaba que podría salir de la UTI ese día o el siguiente. Llegó al medio día y estaba tomando la mano de Germán cuando apareció una señora con una compota de manzanas molidas y le preguntó si quería dársela a su padre. Ella se sorprendió y le dio susto acercarse en exceso por el coronavirus. Hasta ese momento, ella se acercaba prudentemente a Germán dándole un beso en la cabeza y luego trataba de mantenerse al menos a un metro de él, para evitar contagiarlo con covid, si es que ella lo tuviera. Pero se entusiasmó y se fue a lavar una vez más las manos, se puso guantes, tomó el pocillo y comenzó a alimentar a Germán. Cuántas veces él le había dado la comida cuando ella era chica y ahora se habían invertido los roles. Fue una extraña sensación, mezcla de alegría, emoción y tristeza, pero lo importante era que su padre estaba comiendo, y ella se quedó con eso. Estaba mejor, mucho mejor y en la noche lo cambiarían a la UCI si es que podían tener cama disponible, ya que debido a la pandemia la clínica estaba llena y no cabía un alfiler.

– LA UCI –

Arlene, una enfermera de treinta y dos años, delgada, con el pelo oscuro —tomado cuidadosamente en un moño bajo la alegre cofia con dibujos geométricos en azul celeste y brillitos plateados—, había recibido a Germán en la UCI cuando fue hospitalizado. Le tocó tomarlo en el turno de noche, eran una unidad que recibía a pacientes médico-quirúrgicos, pero la pandemia del coronavirus tenía mutando a la clínica permanentemente, por la necesidad de camas en las distintas unidades. Era un sábado, Arlene había pasado un tranquilo día con su familia, su marido y su hija de dos años. Alrededor de las 6:30 p. m. empezó a preparar sus cosas, porque a las 6:50 la pasaba a buscar su compañera Margarita, para llevarla al trabajo. Ahora que estaban en cuarentena y debido a que casi no había vehículos en la calle, llegar a la clínica solo les tomaba unos veinte minutos. Sin embargo, los largos protocolos de entrada y la necesidad de ducharse y cambiarse toda la ropa, había alargado los tiempos. Para poder estar tomando tranquilamente el turno de las 20:00 horas, debía estar entrando a la clínica a las 19:10. Ese sábado no fue la excepción y puntualmente estaba recibiendo el turno de manos de Miryam. Le contó que el paciente de la habitación 209, que en ese momento estaba dormitando, había tenido un día mejor que los anteriores. Arlene dio una rápida mirada a la ficha y observó que era un hombre de setenta y nueve años que había entrado a esa unidad en la madrugada del miércoles. Lo observó brevemente y vio a un señor de barba y pelo blanco que estaba tranquilamente descansando.

Cuando fue a hacer la visita de enfermería de la noche notó que el paciente de la habitación 209, que ahora estaba despierto, tenía alteraciones sensitivas y de movilización, lo que la preocupó de sobremanera. Avisó inmediatamente al médico residente y lo revisaron en conjunto con el neurólogo de turno. Se pidió una resonancia nuclear magnética, la que finalmente mostró un absceso cervical. El neurólogo se contactó con la familia y durante el turno de día el paciente fue trasladado de su unidad. Aproximadamente tres semanas después, Arlene estaba recibiendo el turno de día. Entró a la habitación 210 y Ester, quien entregaba el turno de noche le dijo, "paciente ingresado en la madrugada proveniente de la UTI. Tuvo una cirugía cervical y se le han practicado dos aseos quirúrgicos en la herida, debido a una infección. Estuvo casi tres semanas en la UTI de las cuales aproximadamente diez días estuvo entubado". Arlene lo observó y esos ojos, esa mirada le fue familiar. Miró la ficha y al ver el nombre supo quién era. Pero ahora estaba con el pelo muy cortito, casi pelado, sin barba y mucho más delgado. "Volvió a mis dominios", le dijo cariñosa.

Lo último que había sabido la Chica es que no había camas en la UCI como para trasladar a Germán, pero que lo estaban gestionando. Por eso no le extrañó cuando vibró su teléfono a las 8:00 a. m. con la llamada de la clínica, para comunicar que Germán había sido transferido durante la noche a la Unidad de cuidados intermedios y su habitación era la 210. Para ella era un gran logro que ya no estuviera en la UTI, pero había una preocupación que no lograba sacarse de la cabeza. La última parte de su conversación con el Dr. Martínez. No se imaginaba a su papá postrado en una cama sin poder caminar. Sacudió su cabeza y rápidamente esos pensamientos quedaron fuera, no le aportaban nada y debía centrarse en lo inmediato. A Germán le harían un nuevo aseo quirúrgico esa tarde, el tercero. Ella se apuró, porque quería verlo unos minutos antes de que se lo llevaran a pabellón. Cada una de estas intervenciones la Chica las sufría como si fuera una cirugía de corazón a tajo abierto. Tomó su mochila con las cosas que ya sabía que necesitaba: mascarillas, alcohol gel, tarjeta de crédito, documentos, en fin. El pelo bien tomado en un moño, se subió a su auto y manejó tranquilamente hasta la clínica.

Antes de entrar a la habitación 210 se encontró con la doctora de turno en la unidad. No perdió la oportunidad y le consultó como encontraba a Germán. Ella con una tremenda y fría honestidad le dijo que estaba estable, pero que deberían considerar que era una persona de setenta y nueve años y que todas las cirugías a las que estaba siendo sometido iban generando daño en su salud y que la familia debía estar preparada en la eventualidad de que Germán no pudiera seguir resistiendo.

—¿A qué se refiere?, preguntó.

—Muchas veces, continuó la doctora, la familia se aferra a la posibilidad de que la persona siga viviendo, aunque sea conectada a máquinas que hacen todo por ellas y de esa manera alargan la vida de una manera artificial.

No era este el caso, pensó. Su papá estaba dando la pelea y mientras la diera, ellos como familia estarían cuadrados con él.

—Es bueno que la familia considere esa posibilidad y que estén de acuerdo en caso de tener que tomar una decisión, terminó la doctora.

No quiso escuchar más lo que ella le estaba tratando de decir. Se despidió y entró al cuarto. Lo saludó cariñosamente mientras las auxiliares lo alistaban para irse a pabellón.

Habían pasado dos días desde el cuarto y último aseo quirúrgico que le habían hecho a Germán. Al parecer ahora sí la infección estaba totalmente controlada y la herida estaba empezando a cicatrizar. Ya habían pasado cinco semanas desde que había entrado a la urgencia, sospechoso de covid. El hecho de que fuera diabético era un problema extra que debían salvar los médicos a la hora de la cicatrización de sus heridas. La Chica había llamado a la clínica y habló con la Ale. Ella le dijo que Germán se estaba inquietando y perdiendo cada vez más, y que en las noches no paraba de gritar. Entonces preguntó qué podían hacer para evitar que se perdiera tanto y le sugirieron que fuera a pasar la noche con él. El ver una cara conocida, probablemente, lo tranquilizaría. Perfecto, pensó, en vez de ir a verlo y estar con él durante el día unas horas, voy a irme a las siete de la tarde y voy a pasar las noches con él. Y así lo hizo. Pasó el día en su casa, estaba con teletrabajo debido a la cuarentena y a las 19:00 horas se alistó y se fue a la clínica a acompañar a Germán.

—¿Hola, papito?, ¿cómo estás, papá?, ¿cómo te sientes? Soy la Chica, ¿me reconoces? Germán la miró y le dijo:

—Hola Chica, ¿qué haces aquí?,

—Te estoy visitando y te cuento que me voy a quedar contigo toda la noche, le dijo muy alegre.

—Qué rico, pero ¿cuándo llegaste a Guatemala?

—¿Guatemala, papá?, le dijo la Chica incrédula. No estamos en Guatemala, estamos en la Clínica Esmeralda.

—Ahhhhh, entonces yo estaba soñando, le dijo con cara vivaz. Yo estaba en Guatemala, arrancando de unas personas que me querían obligar a casarme con una mujer asiática.

—¿Pero cómo?, papá, jajajaa, rió, eso no puede ser, mira a tu alrededor. Germán dio un vistazo a la habitación y confirmó que estaba en una pieza de hospital.

—Tienes razón hija, estamos en la clínica Esmeralda.

Fue una noche larga para ella, que no estaba acostumbrada al ritmo de una habitación de hospital. Después de la comida su papá comenzó a dormitar, lo que la hizo pensar que sería una noche apacible. Probablemente su presencia lo había tranquilizado y estaría mejor. Se sacó las zapatillas, se arrellanó en el sofá cama que había en la habitación y se tapó con una frazada delgadita. Debe haber llevado diez minutos en esa posición, se estaba quedando dormida y Germán le pidió agua. Se levantó y se la dio. A los cinco minutos le dijo que estaba incómodo, que lo tenían amarrado. Ella le explicó que el cinturón de la cama era para que no se fuera a caer y que no lo podían soltar. Entonces le pidió que lo cambiaran de posición, que le dolía la espalda. La Chica salió y fue a la estación de enfermería a preguntar si podían moverlo. Le explicaron que lo cambiaban de posición cada dos horas, a las 12:00 irían nuevamente. Faltaban como treinta minutos pensó. Volvió a la habitación y trató de distraerlo, le hizo cariño en la cabeza y él se relajó un poco. Después de un minuto reclamó:

—Sáquenme esto, por qué me tienen amarrado, no me voy a escapar.

La Chica le volvió a explicar que era para que no se cayera. Se volvió a tranquilizar. Volvió a pedir agua, volvió a pedir que lo movieran, volvió a reclamar porque estaba amarrado. La Chica lo volvió a tranquilizar. A las 12:05, llegaron dos auxiliares de enfermería, quienes revisaron que los medicamentos estaban pasando bien, le hicieron control y con la ayuda de las sabanillas lo movieron, dejándolo ahora más cargado sobre el lado izquierdo. Le acomodaron la cabeza y las piernas con cojines y le preguntaron cómo se sentía, si es que estaba cómodo, a lo que él dijo:

—Sí, pero quítenme el cinturón.

—No se lo podemos quitar, le dijo una de las auxiliares.

Bueno, ahora está cómodo, pensó y se arrellanó nuevamente en el sofá, cuando al poco rato, Germán la despertó pidiéndole agua. La Chica miró el reloj redondo que había en la pared y observó que no habían pasado más de veinte minutos. "Te voy a dar al tiro agua, papá", se abrochó las zapatillas, alcanzó la botella y se acercó a él para que bebiera. Le hizo un poco de cariño en la cabeza y cuando se estaba alejando, reclamó que estaba incómodo, que quería que lo ayudaran a moverse y que le sacaran el cinturón. Ella ya sabía que no lo volverían a mover hasta las 2:00, así que empezó a conversarle para distraerlo. Le habló de su parcela, de sus cosas, lo hizo hacer recuerdos de cuando era pequeño. Le resultó por un rato, probablemente unos quince minutos, cuando repentinamente Germán la interrumpió y le dijo molesto:

—Te estoy pidiendo que me muevan, me duele la espalda, no puedo seguir así, por favor escúchame.

La Chica fue nuevamente a la estación de enfermería y les dijo esto. Pero le explicaron que para evitar que se produjeran escaras era necesario moverlo cada dos horas y acomodarlo cargando los distintos lados del cuerpo, por lo que no podían moverlo nuevamente. También le dijeron que tratara de no escucharlo tanto, porque en la medida que ella le hiciera mucho caso, él seguiría insistiendo en conseguir lo que quería, que era que le soltaran el cinturón. Volvió a la habitación inquieta, ¿cómo podía no prestar oídos a lo que él pidiera?, se le hacía muy difícil. Se hizo la sorda durante un rato. Él no siguió insistiendo. Al cabo de unos quince minutos volvió a pedir agua. La Chica se acercó y le dio mientras le hacía cariño en la cabeza. Que rico, dijo él. Y volvió a pedir que le sacaran el cinturón.

—No papá, no te lo pueden sacar, le dijo con la voz más firme que pudo.

—¿Por qué, por qué me haces esto?, dijo casi llorando, ¿por qué me tienes secuestrado? y alzó la voz pidiendo ayuda.

—Papá, no grites, dijo la Chica. No estás secuestrado, estás en la clínica, así que no grites por favor, que molestas a otros pacientes.

—¡Ah!, contestó él y se quedó callado.

Así avanzó lentamente la noche y la Chica pudo ver y vivir con claridad a que se referían cuando le decían que su papá estaba perdido. A las siete ella se despidió dándole cariñosamente un beso en la frente y le dijo "te veo en la noche, papito".

Arlene estaba recibiendo el turno de día conversando con la enfermera de la noche justo afuera de la habitación 210. Cuando Germán las sintió les empezó a gritar:

—¡Aloooo, alooooo!

—¡Aloooo!, le respondió Arlene, para que supiera que estaba allí.

Ella sabía que lo que quería era el desayuno y en esta ocasión ella iba a aprovechar de dárselo. Podía hacerlo y a ella le gustaba porque Germán se explayaba conversando. Le daba instrucciones de cómo prepararle los pancitos, era muy regalón. ¡Uno con mermelada y el otro con queso y jamón! Mientras desayunaba, le contaba de su señora, la Ame, como la había conocido y cuanto la extrañaba. Le hablaba de su familia, hijos y nietos. También, de sus perros y de su centro de eventos. En esa ocasión le contó que tenía sangre mapuche y lo orgulloso que eso lo hacía sentir.

La Chica volvió esa noche con un regalo para Germán. Le trajo muchos mensajes de audio de familia y amigos. La idea había sido de Paula, la creativa de la familia. Había pedido a los que quisieran, que le mandaran un saludo en video o audio, para que la Chica se los pudiera llevar. Germán escuchó cada uno de los saludos en silencio, y tuvo un comentario para cada uno de ellos. En ocasiones reconoció algunas voces, en otras, preguntó quién era y lo recordó. Al ver esto, ella se preguntaba, como funcionaría la mente. Estaba tan claro y lúcido en estos momentos y se veía tan perdido en otros.

La rutina de ir a quedarse en la noche con su papá en la clínica estaba funcionando, hasta que el marido de la Chica fue enviado a la casa a cuarentena, por haber sido contacto estrecho de personas contagiadas con covid-19. El día anterior había estado en una reunión, por más de dos horas con tres personas que hoy estaban con síntomas. Había usado mascarilla durante toda la reunión, pero nada aseguraba que no se hubiera contagiado. La Chica llamó a la clínica y habló con Arlene para contarle.

—No puede venir si su marido fue contacto estrecho. Podríamos poner en riesgo a Germán. Espere que pase la cuarentena y reanuda las visitas.

Qué pena, pensó Arlene, estas visitas nocturnas le estaban haciendo bien a Germán.

—No se preocupe, nosotras lo cuidaremos muy bien. Nos pueden llamar las veces que quieran para saber de él o para hablar con él.

—Muchas gracias, dijo la Chica, triste, por no poder ir a visitarlo en dos semanas, pero alegre y tranquila por encontrar tan buena acogida.

Paula llamó a media mañana y pidió hablar con Germán. Mientras esperaba que la comunicaran pensaba en las casi cinco semanas que no había visto a su papá. Ella trabajaba con él día a día, y eso los había llevado a cultivar una rica relación profesional que se cruzaba con la rica relación que ya tenían padre e hija. Estaba con la voz alegre y le dijo:

—Estoy colgado y se reía.

—¿Qué?, dijo Paula, no te entiendo.

—Estoy colgado, a estas muchachas les gusta jugar conmigo.

—Papá, tú no puedes estar colgando, que me dices, le rebatió Paula.

—¡Bueeeeeeeno!, dijo Germán.

Paula conocía esta expresión. Siempre lo hacía cuando alguien le discutía algo que él estaba seguro de tener la razón, simplemente para no seguir discutiendo. Paula tuvo la sensación de estar hablando con su papá jefe, que le trataba de hacer ver que era ella la que estaba equivocada. Le cambió de tema y siguieron hablando otras cosas. Cinco días después, Paula y la Chica supieron que Germán tenía razón. La Ame lo llamó y después de saludarla y preguntarle cómo estaba, él le contó que lo iban a subir al columpio.

—¿Cómo es eso?, preguntó la Ame.

—Explícale tú, dijo Germán a Arlene que estaba en ese momento con él.

—Jajajjajja, rió Arlene. Lo que pasa es que tenemos un tecle, que es una especie de grúa para mover a Germán entre la cama y el sillón. Así no está todo el día en cama. Él lo bautizó como el columpio y le gusta que lo subamos. Entonces cuando llego en la mañana, empieza desde tempranito a pedirme que lo suba al columpio, y se ríe. Después de que lo dejamos en el sillón empieza a llamar para que lo subamos al columpio porque quiere irse a la cama. Y así se puede pasar todo el día. Lo entretiene y a nosotras nos gusta porque lo pone muy feliz.

La Ame se emocionó. Nadie conocía a su marido como ella y sentir esa voz alegre le había hecho muy bien.

—Gracias Arlene, muchas gracias por ayudar a Germán, dijo con voz muy emocionada.

Germán fue avanzando en su recuperación, pero había dos temas que preocupaban a los médicos y profesionales que lo atendían. Desde que la Chica había dejado de visitarlo, se había puesto malo para comer y el *delirium* estaba aumentando. Lo primero era más fácil de resolver y la llamaron para explicarle y solicitarle autorización para colocarle una sonda naso gástrica. Durante el día recibiría su alimentación normal, y durante la noche se reforzaría su nutrición a través de la sonda. Por supuesto, dijo ella. Si necesita la sonda, póngansela, por favor. Lo segundo era más complejo. ¿Cómo podían ayudarlo a no tener *delirium*, si ni siquiera su familia más cercana podía visitarlo? La ciudad estaba en el peak de contagios por el coronavirus, la cuarentena era total, la clínica con su capacidad a tope, no cabía un paciente más, a pesar de todas las nuevas camas que se habían implementado. Las enfermeras y TENS hacían lo que podían para tratar de mantenerlo conectado con la realidad.

– POR FIN EN PIEZA –

La Chica estaba muy contenta, le habían avisado que su papá sería trasladado, prontamente, a pieza básica, es decir a una hospitalización común. Èl estaba con la estabilidad física suficiente como para no requerir los cuidados de la UCI. Había pasado tres semanas en esta unidad y llevaba seis semanas de hospitalización total. Arlene tenía sentimientos encontrados. Estaba triste porque Germán se iba a otra unidad, iba a extrañar que le gritara ¡aló!, desde su pieza cuando estaba tomando el turno, para que ella le fuera a dar el desayuno. Iba a extrañar sus conversaciones y la cantidad de veces que le pedía que lo subiera al columpio. Increíble cómo se había encariñado con él. Pero estaba feliz, porque su proceso de recuperación había seguido avanzando. Sin embargo, la movilidad de brazos, piernas y cabeza era mínima, casi inexistente. Solo tenía movimiento del brazo izquierdo. Su hija no podía ir a la clínica el día que lo mudaban a la otra unidad, porque no habían pasado los quince días de cuarentena desde que su marido había sido contacto estrecho por covid. Por lo que Arlene se preocupó de ver qué enfermeras lo estaban recibiendo y aunque no fuera necesario, decirles que lo cuidaran mucho, que era una persona muy amable y querible. También sugirió que pidieran la grúa que ellas estaban ocupando en cuidados intermedios para mover a Germán desde la cama al sillón de la pieza. Si no, era muy difícil que pudiera salir de la cama.

La Chica lo llamaba seguido, al menos una o dos veces al día y fue notando con temor, que Germán ya no era el mismo.

Lo sentía menos animoso, preguntaba con mucha frecuencia cuando lo sacarían de la clínica y empezó a reclamar que la comida era mala, muy mala. "Es incomible", le empezó a decir por el teléfono. Llevaba cinco días en pieza básica y la llamaron de la clínica para decirle que Germán se había sacado la sonda nasogástrica, para la alimentación nocturna. No podían volver a ponérsela, porque él les había dicho que si se la ponían, se la volvería a sacar. Para eso sí estaba muy lúcido. El otro problema es que se estaba negando a comer durante el día. Algo estaba pasando que no era propio de él. La comida siempre había sido su afición, todo le gustaba y hasta este momento no había reclamado. Llevaba casi siete semanas hospitalizado, claramente se estaba afectando su ánimo y paciencia. Por otro lado, Arlene observó que Germán quedaba muy triste cada vez que hablaba con alguien de la familia y también comenzó a notar que se empezó a negar cuando le decían que tenía una llamada. "Dígale que estoy durmiendo", decía. Tengo que ir a la clínica, pensó la Chica. A su marido le quedaban dos días para cumplir los quince días de cuarentena y no se había contagiado. Probablemente ya era seguro ir, pero no se atrevía a tomar la decisión. Llamó a una amiga médico, neuróloga infantil, con quien prefería consultar este tipo de decisiones. Anda, le dijo. Anda tranquila.

Lo habían subido al columpio y lentamente lo fueron bajando sobre el sillón, pero cuando lo acomodaron el sillón se movía. Miró mejor y vio que estaba montado sobre un llamo o, específicamente, sobre una llama macho, muy grande. Usaba una especie de montura hecha con paños y lana apelmazada, como la que se usaba en los colchones antiguos. Era cómoda esta montura, no era extremadamente blanda, pero lo suficiente como para no sentir los huesos del animal. Se tanteó con la mano y sintió un grueso cinturón que lo afirmaba a la montura. Eso le dio tranquilidad, no se podía caer. Levantó la cabeza y observó que iba en el medio de una caravana en donde había muchas personas, cada una montada en un animal diferente. Por supuesto que había gente montada en más llamas, pero también había personas montadas a caballo, otras iban sobre toros, burros o guanacos. Sin embargo, lo que más le llamó la atención fue que dentro del grupo, había montada una persona en un gran elefante. Era un animal muy bello, majestuoso e increíblemente manso. Hacía lo que su dueño le indicara, a decir verdad, todos hacían lo que ese señor indicaba, parece que era el jefe. Lo estaba observando con tranquilidad y pasó por su lado una persona montada en una gran tortuga de tierra, como las de Galápagos. Caminaba rápido, para ser una tortuga. En realidad, no caminaba tan rápido, sus patas se movían lentamente, pero la tierra bajo la tortuga parecía moverse, como si fuera una vereda mecánica como las que hay en los aeropuertos, entonces avanzaba rápido. Le pasó por el lado y la vio cómo se perdió adelante mezclada entre los demás animales y sus jinetes. Observó la cara de las personas que tenía a su alrededor, quería entablar una conversación, quería saber que pasaba, para donde iban, pero no logró verles el rostro. Era como si fuera en el medio de esta caravana, completamente solo y acompañado a la vez. Volvió a tocar el cinturón, ahí estaba, se quedó tranquilo. De pronto el hombre del elefante hizo una señal y todos los animales detuvieron su caminar, incluida la tortuga, que pareció bajarse de su vereda mecánica. Una mujer de unos cuarenta años, de tez morena y pelo negro recogido en un moño, de contextura media, ni gorda, ni flaca, pero sí más alta que lo normal, se acercó a él y le dijo que se bajara. Germán no dijo palabra, pero con su mano mostró el cinturón que lo tenía amarrado a la montura del llamo. Ella, sin mayor expresión en el rostro, sacó un manojo de llaves y probo una, dos y la tercera llave abrió el candado. Germán sintió como el cinturón caía, pesado como era, por sus costados. Sintió una cierta libertad cuando tocó su pecho y su cintura y constató que ese pesado cinturón ya no estaba ahí. Se bajó lentamente, tenía miedo de caerse y se sentó en la tierra, a la sombra de un frondoso quillay.

La mujer se acercó a él con un cuenco y quiso darle de comer en la boca. ¿Qué hacía?, pensó. ¿Por qué se atrevía a hacer eso? Y le quitó la cara. Ella insistió y con gestos le pidió que abriera la boca. Germán no sabía que era esa comida, podía estar envenenada, no quería recibirla, pero la mujer insistía.

La abrió un poquito y recibió media cucharada de lo que ella le estaba ofreciendo. No era ni bueno, ni malo su sabor, pero era soso, no tenía sal, no tenía aliños, no tenía nada en especial. Tampoco tenía veneno, pero no quería comer eso. La mujer insistía, le recibió dos cucharadas más, qué mujer más molestosa. ¿Cuál era el gusto de obligarlo a comer eso tan incomible? Cerró la boca y no la volvió a abrir. Vamos a ver si ahora ella se atrevía a abrirle la boca a la fuerza. Como se imaginó, no se atrevió y dejó de molestarlo. ¿Dónde estaba?, se preguntó. Parece que estamos en alguna zona rural de Chiloé. Pero no tenía claro dónde. A lo lejos vio a unas personas construyendo una casa de madera. Un carro tirado por bueyes llevaba grandes troncos, los cuales iban pasando por una máquina que los cortaba e iban saliendo las tablas. Aprovechó que nadie lo estaba mirando, que no estaba amarrado con el cinturón y que la mujer molestosa se había ido, para dirigirse hacia la construcción y preguntarles a esos hombres dónde estaban. Se iba acercando, nadie lo había seguido, fantástico. Estaba llegando cerca del carro donde estaban los troncos, cuando un buey se asustó e hizo un movimiento brusco hacia atrás. Esto provocó que se diera vuelta el carro y que los troncos rodaran colina abajo dirigiéndose hacia él. Germán pudo esquivar el primer y segundo tronco, pero el tercero, el más grande de todos lo alcanzó, pasando por arriba de sus piernas. Los hombres se dieron cuenta y corrieron a ayudarlo. A Germán no le dolía, pero sus piernas quedaron planas, igual que si fueran un dibujo animado al que le pasó una aplanadora. Cuando llegaron los hombres, que eran tres o cuatro, los tranquilizó y les pidió que le dieran mortero, esa mezcla de cemento, arena y agua para hacer el concreto. Les pidió madera, martillo y clavos. Los hombres le entregaron todo lo que pedía. Germán con mucha destreza y en muy poco tiempo, armó dos grandes cajones en sus piernas aplastadas, unas especies de moldes y pidió a los hombres que pusieran el mortero en estos moldes. Ellos hicieron lo que les solicitó y cuando ya estaba fraguado, con un cincel Germán talló dos robustas piernas que habían quedado adosadas a su cuerpo. Solo en ese momento se percató que el concreto no era un buen material para rehacer sus piernas, porque era muy pesado y no podía moverlas, ni pararse.

Le costó llegar a la habitación de su padre. Ahora estaba en otro edificio en un ala de maternidad que habían reacondicionado debido a la crisis de camas que había generado la pandemia.

—Hola papito, ¿cómo estás?, dijo la Chica saludándolo con cariño. No había podido venir por lo del coronavirus, pero ya estoy acá.

Germán la miró con alegría al tiempo que le decía:

—Chica, que bueno que ahora entraste.

—¿Por qué me dices que ahora entré?

—Porque siempre pasas por afuera, yo escucho tu voz y te pido que entres, pero no lo haces.

—No papito, le aclaró la Chica. Yo no había venido porque no podía, no he estado afuera de tu pieza.

—Ahhhh, dijo Germán, no muy convencido.

—Papá, te sacaste la sonda.

—Sí, dijo Germán.

—Pero como te sacaste la sonda, dijo la Chica con tono de reprobación.

—Así, dijo Germán y con su mano izquierda gesticuló como había tirado de la manguerita hasta que había sacado la sonda completa.

—Papá, tampoco quieres comer, siguió la Chica.

—Nunca había probado comida tan mala como la que dan en este lugar, reclamó Germán.

—Pero papá, tienes que comer. Si no comes, no vamos a poder sacarte pronto de aquí.

—No me van a poder sacar, dijo triste, porque hice una estupidez. Un tronco me aplastó las piernas y para rehacerlas, me eché cemento y ahora no las puedo mover.

—No papá, eso no es así. Te caíste y entró una bacteria que te provocó una infección. Por eso no puedes mover las piernas.

—Ahhhhh, yo creí que me había echado cemento y no podía entender como había sido tan tonto, reflexionó.

– DE VUELTA A CASA –

El tiempo había pasado y llevaba dos semanas en sala. Físicamente mostraba recuperación de la infección, pero anímicamente seguía decayendo. No quería comer, simplemente se negaba. Las TENS le pedían por favor que comiera y el negociaba con ellas. Como dos cucharadas si me sueltan el cinturón, y ellas accedían. Pero solo podía ser por el rato que estuviera acompañado. Dejarlo sin el cinturón era impensable, ya que podía caerse.

Gran parte de su desánimo era debido a que se sentía abandonado. Las TENS eran muy cariñosas con él, lo trataban como su abuelo, lo cuidaban y mimaban, y hacían lo que les pedía. Pero su familia lo había abandonado y eso no lo entendía. La Ame, la mujer a la que adoraba y habría dado todo por ella, pasaba por la puerta de su habitación y no intentaba entrar. Él la escuchaba como conversaba con gente afuera, y la llamaba, tanto como podía, pero ella simplemente lo ignoraba y no entraba siquiera a verlo como estaba. Menos entendía cuando más tarde le pasaban el teléfono y le decían que era su señora y que quería hablar con él. Ella era muy tierna, le pedía que comiera para que pudiera salir pronto y eso a él lo molestaba más aún. ¿Por qué lo llamaba por teléfono y no entraba a la habitación? Eso lo fue sumiendo en una profunda melancolía. Sus médicos estaban preocupados, él no estaba cooperando.

La Chica estaba en una reunión virtual en su casa, seguía con trabajo remoto ya que la ciudad continuaba en cuarentena.

Su celular vibró, miró la pantalla y reconoció que el número era de la clínica. Inmediatamente apagó su cámara y micrófono y contestó, como lo hacía siempre que la llamaban.

—Hola, ¿hablo con la hija de Germán Fell?, escuchó al otro lado del teléfono.

—Sí, con ella, contestó rápidamente.

—Soy la Dra. Monsalve, fisiatra de su papá. La llamo para contarle que él en lo físico va mejorando lento. Sigue con muy poca movilidad en sus extremidades y con kinesioterapia estamos haciendo ejercicios en la mañana y en la tarde para que vaya recuperándose en la medida de lo posible. Sin embargo, desde hace algunos días él se está negando a cooperar. Tampoco quiere comer y eso está dificultando su recuperación. Los delirios son cada vez más comunes y también pasa por estados de desánimo y mal humor. Si bien es un paciente complejo, por su tamaño, edad y diagnóstico, podríamos evaluar la posibilidad de que se vuelva a la casa con hospitalización domiciliaria, ya que en su entorno podría reaccionar mejor. Está reportado que puede haber una mejoría cuando los pacientes son sacados del ambiente hospitalario y vuelven a su ambiente.

La Chica no podía creer lo que estaba escuchando, es decir su papá podía volver a casa. Tuvo que ahogar su grito de respuesta y con la voz lo más compuesta posible, dijo educadamente:

—Pero qué buena noticia y ¿cuándo podría ser este retorno?, dijo pensando en que le dirían que en uno o dos días.

—Probablemente en una semana o un poquito más. Hay que hacer varios exámenes y prepararlo para la vuelta. El doctor Martínez, como su médico neurocirujano tiene que evaluarlo y dar la autorización.

Bueno, no era tan rápido como pensó en el primer minuto, pero en el plazo de una semana o un poquito más, su padre podría volver al lado de su mamá.

—Perfecto, contestó. Quedo atenta a que me vayan dando las indicaciones de lo que tenga que hacer.

—En primer lugar, continúo la doctora, sería bueno que tuviéramos una reunión entre la familia y el equipo, ya que la casa va a requerir adecuaciones. Su papá no es el mismo que llegó a la clínica hace dos meses. Van a necesitar acondicionar algunos espacios y mucha ayuda.

—Perfecto, pensó la Chica. ¿Cuándo cree que pueden ustedes?

—Yo puedo organizar la reunión virtual. Voy a hablar con el equipo y le cuento, dijo la doctora.

—Estamos en contacto y gracias. No había terminado de colgar con la doctora y llamó por llamada grupal a sus hermanos y mamá y les contó que el papá pronto volvería a la casa.

Más o menos una hora duró la reunión. Estaba la fisiatra, el neurólogo, la terapeuta ocupacional y dos kinesiólogos. Tremendo equipo, pensó la Chica. Les explicaron que Germán tenía una tetraparesia, es decir que era un paciente postrado, no tenía movimientos en las extremidades, salvo el brazo izquierdo, que lo levantaba un poco. También levantaba un poco la cabeza y el cooperaba cuando se trataba de acomodarle la almohada o un cojín. Le explicaron que tenía *delirium*, y que probablemente le costaría algunos días volver a sentirse en casa, podía no reconocer a la familia o parte de esta, y así, fueron diciéndoles lo que podían y no podían esperar de Germán. La Ame, Paula y la Chica, escuchaban atentamente. Después de que el equipo explicó con detalles lo que significaba esta vuelta a la casa, la Ame fue la que se atrevió a preguntar si iba a volver a caminar. Se produjo un silencio inquietante. La Chica y Paula miraban con atención los rostros de los médicos, para ver en su semblante la respuesta a la pregunta de la Ame. "Es poco probable", contestó el neurólogo después de una incómoda pausa. "Germán tiene una lesión medular debido a la infección que tuvo. La edad, ustedes deben comprender que es un paciente de casi ochenta años y el largo tiempo de hospitalización, le juegan en contra. Además, el *delirium* lo hace ser menos cooperador. Todos estos factores nos hacen pensar que es poco probable que él pueda volver a caminar, pero no es imposible. Hay que pensar en que él pueda reintegrarse a la vida familiar y tal vez en silla de ruedas, pueda moverse por todas partes". Está bien, asintieron los hermanos y la Ame. La verdad es que ella solo quería tenerlo de vuelta y ella estaba segura que, con sus cuidados, Germán pronto estaría mejor. Y si no caminaba, bueno, estaba de Dios no más. Ella hace más de cincuenta y dos años le había hecho una promesa frente al altar en la que le decía que estarían juntos en salud y enfermedad hasta que la muerte los separe.

La fisiatra se lo dijo a Germán y se alegró; la Ame se lo dijo por teléfono y se alegró; la Chica y Paula también se lo comunicaron por teléfono y se alegró. Sin embargo, pasaban los días y él todavía no regresaba a casa. Se volvió a sentir abandonado.

Por fin la Chica recibió la llamada que estaba esperando. Era de la empresa que realizaría la hospitalización domiciliaria. Se llamaba "Recuperación en el Hogar", pero la gente se refería a la empresa como "RH". Mañana Germán volvería a casa y lo estarían esperando un enfermero y un kinesiólogo, quienes lo evaluarían y lo ayudarían a instalarse. En la ambulancia se iría con una TENS, quien lo acompañaría en el traslado y se quedaría apoyándolo en la hospitalización en la casa.

La Chica se estaba preparando una vez más para ir a la clínica a ver a su papá, pero esta vez era diferente, era la última vez. Iba a acompañarlo a subirse a la ambulancia para irse a Pirque, a su casa, por fin. Casi no podía creerlo. Se estaban cumpliendo exactas nueve semanas de hospitalización, ni un día más, ni un día menos. Llegó a la clínica, a la habitación de su papá y le dijo:

—Papito, hoy te vas para la casa.

—Sí, por fin contestó risueño Germán.

La Chica se movió de un lado a otro, firmando documentos, leyendo instrucciones, en fin, con todo el trámite administrativo que implica sacar a una persona del hospital. Estaba en el medio de estos trámites, cuando llegó Paz, la TENS que se iría con su papá.

Era una mujer alrededor de los cuarenta y cinco años, estatura cercana al metro sesenta y contextura media, pelo corto, oscuro, cara sonriente y mirada afable. Entró a la habitación y preguntó:

—¿Es la habitación del paciente Germán Fell?, a lo que la Chica rápidamente se paró y la saludó presentándose.

—Sí, esta es la habitación. Yo soy su hija y ahí está mi papá, su paciente. ¿Cómo está usted? ¿Le costó llegar?

—Sí, un poco. Está retirada esta parte de la clínica, no la conocía y me anduve perdiendo al principio. Pero ya estoy aquí, dijo Paz, recorriendo la habitación con su vista.

Hace poco más de siete años que ella era TENS. Había descubierto su vocación haciendo un voluntariado cuidando adultos mayores. Para esto, había tomado un curso de preparación y luego fue haciendo distintos cursos de perfeccionamiento donde fue adquiriendo cada vez más herramientas y competencias para desenvolverse en esta labor. Una mujer apasionada con su trabajo y a la vez sensible. Hace tres días había fallecido su paciente anterior. La había cuidado por cuatro años. Cuando la empezó a cuidar, sabía que iba a fallecer e igualmente se encariñó mucho con ella. No debería, pero era imposible no hacerlo. Estaba en unos días de descanso por duelo cuando recibió la llamada del RH para preguntarle si estaba en condiciones de hacerse cargo de otro adulto mayor. Ellos eran su debilidad, por lo que su respuesta fue inmediata. Sí, estaba en condiciones de cuidarlo. Pidió su ficha y pensó que sería complicado. Era un paciente más alto que ella, obeso, con lesión medular, postrado y no se movilizaría más. Fijó su atención en una línea del informe, estaba con *delirium*, eso siempre complicaba las cosas. Iba preparada para irse a Pirque y quedarse en turno de veinticuatro horas. Llevaba todo lo que necesitaba para poder desempeñar su labor.

En cuanto abrió la puerta y constató que era su paciente, observó, rápidamente, dos cosas. La primera fueron las fotos que colgaban en la pared, eran de la familia, sin duda. Ellos estaban presentes y eso era bueno. Lo segundo que observó fue el semblante de Germán. Vio el dolor y el sufrimiento en ese rostro y le partió el corazón. Percibió que tenía dolor físico, aunque lo disimulaba, pero también, un dolor acumulado, probablemente por la larga hospitalización y por todo lo que le había tocado vivir ahí dentro.

—Hola don Germán, soy Paz, yo lo voy a cuidar, se presentó.

—Hola Paz, mucho gusto de conocerla.

—Debe tener cuidado conmigo, porque yo soy muy regalón, bromeó y le regaló una sonrisa.

¿Pero cómo?, pensó Paz, en la ficha decía que estaba con *delirium* y desconectado de la realidad. No le pareció eso, en esta primera impresión. A los pocos minutos entró una enfermera que lo saludó cariñosamente y le dijo que antes que se fuera, le iba a pasar los últimos medicamentos y luego le quitaban la vía.

—Lo voy a extrañar, le dijo y un brillo de emoción cruzó su vista.

—Me va a extrañar que no la moleste más, bromeo Germán.

—En serio, lo voy a extrañar, repitió ella.

Luego vinieron dos TENS a despedirse, ellas ese día no estaban con Germán, pero habían estado cuidándolo y fueron a abrazarlo y a desearle lo mejor. Y luego entraron dos más. Paz observaba todo esto asombrada, era un paciente muy querido. La Chica sorprendida por tanto cariño dijo, "pónganse todas al lado de mi papá para tomarles una foto de recuerdo". Así lo hicieron y, además, llamaron a otras muchachas que estaban afuera. Siete mujeres, entre enfermeras y TENS se pusieron para la foto y se despidieron con mucho cariño. En especial Berta, quien no podía disimular su emoción y se despidió diciéndole: "Usted sabe que es igual a mi abuelo, como no lo voy a extrañar". Berta lo pasaba a saludar apenas llegaba, tuviera o no asignado a Germán. Paz lo miró, su cara denotaba dolor, pero su estado de ánimo era bueno.

La Chica observó cómo lo vistieron y movieron para subirlo a la camilla de la ambulancia. Estaba angustiada, su papá no era capaz de levantar la cabeza, no podía mover brazos y piernas, no tenía control del tronco. Vio con terror y en toda su dimensión lo que significaba una tetraparesia, y negros pensamientos se acercaron a su mente. ¿Cómo lo iban a manejar? ¿Cómo su mamá, una mujer de setenta y cuatro años iba a poder cuidarlo? Afortunadamente, al menos por un mes, contarían con el apoyo de TENS las veinticuatro horas, y de eso se aferró para despertar sus pensamientos positivos. Pensó que requerirían una grúa, como la que tenían en la clínica y se dijo a sí misma, apenas llegue a la casa voy a ver si se puede arrendar o comprar, eso le puede dar algo de autonomía. Lo sacaron de la habitación y en la camilla lo subieron a la ambulancia. Se despidió muy emocionada de su padre, se terminaban nueve semanas de hospitalización. Paz se subió a la ambulancia y continuó su recorrido con él. El trayecto demoró más de lo habitual, ya que debido a la pandemia, había cordón sanitario para entrar a Pirque. Sin embargo, a ella se le hizo corto. Germán iba echando la talla con los paramédicos de la ambulancia, como si los conociera de antes. Les contó chistes, más de uno de doble sentido. Paz lo observaba en silencio y una sensación de alegría la invadió, tuvo la intuición que este paciente iba a evolucionar bien.

Todo indicaba que para Ricardo este iba a ser un día como cualquier otro. Iniciaba su ruta en la comuna de Peñalolén, con un paciente joven, solo de dieciocho años, que había tenido un accidente en moto y estaba en rehabilitación ya que había perdido su pierna desde la rodilla hacia abajo. El ánimo y empuje de este chico eran admirables, por eso a Ricardo le gustaba partir el día con él. Sentía que lo llenaba de energía. Luego se iba a La Florida, específicamente al sector de Lo Cañas, casi en el límite con Peñalolén, donde su paciente era una mujer de cincuenta y cinco años que había sufrido una caída en la ducha. Finalizaba con Martina en Puente Alto, su paciente más pequeña y querida, una chica de ocho años que había nacido con mielomeningocele. Fue su primera paciente cuando entró a trabajar al RH hace tres años y desde el primer momento habían tenido una conexión especial. Rehabilitar a personas como Martina o ayudarles a tener una vida lo más normal posible era algo que a él le llenaba el alma. Ricardo era kinesiólogo, pero sobre todo un gran deportista. Para él, el ejercicio, el deporte y la actividad física eran vitales para la vida diaria. Son una forma de vida, más que por estética, por salud. Su afición al deporte lo llevó a tener desde los quince años muchas lesiones, las que fueron tratadas con kinesioterapia. Cuando estaba en cuarto medio se luxó un hombro y mientras estaba en tratamiento, conoció a su vecino, que era un estudiante de kinesiología. Él le mostró este mundo, esta profesión y Ricardo sintió que estaba hecho para él. Se especializó en la atención de niños y jóvenes e hizo un diplomado en deporte adaptado, justamente para poder ayudar, de la mejor forma posible, a personas con discapacidad.

Estaba llegando a Puente Alto a la casa de Martina. Traía un programa de ejercicios nuevos para ella y le traía un pequeño regalo, una pelotita que les ayudaría en la terapia de hoy. Si les quedaba tiempo, aprovecharían de jugar un rato. Cuando estaba estacionando, recibió la llamada de la coordinadora del RH quien le preguntó que si después de Martina, podía ir a recibir a un nuevo paciente a Pirque. No hay problema, dijo él. Estoy entrando a sesión ahora, pero mándenme la ficha, dirección y punto de contacto. Qué pena, esta vez no podría quedarse más rato jugando con Martina, ella se iba a poner triste, pero debía ir a recibir a este nuevo paciente. La sesión con Martina fue entretenida, como siempre. Se despidió de ella, se subió a su auto y emprendió la ruta hacia Pirque. Se detuvo pasado el río Maipo, en los quioscos que están a la entrada, porque quería leer el informe que le habían mandado. Era la ficha de Germán y siempre era bueno revisar esta información, previamente, para ir más preparado y no tener que improvisar.

Leyó que era un paciente de edad avanzada, casi ochenta años, con una lesión provocada por una compresión medular en la zona cervical. Tenía una hospitalización de nueve semanas, lo que lo llevó a pensar que su musculatura debía estar muy debilitada. No quería comer mientras estaba hospitalizado y tenía *delirium*. Se detuvo en esta última parte. Los pacientes con *delirium* pueden ser agresivos, porque no entienden lo que está pasando. Se quedó pensando, su especialidad eran niños y jóvenes, también había visto adultos, pero tenía muy poca experiencia con gente de la tercera edad. Tendría que estudiar.

Llamó al contacto que le dieron, para pedir más información. Habló con la Chica, quien contestó todas sus preguntas. Eran las 19:15 de un día de invierno y estaba oscuro. Se apuró para llegar antes que la ambulancia, así conocería a su señora y estaría más preparado para recibir a este paciente.

La dirección no era fácil, era una parcela y estaba todo oscuro. Se guió por Waze, pero tal como le habían advertido, la posición estaba corrida, por lo que llegó a otro lugar. Por alguna extraña razón, al compartir la ubicación de la casa de Germán, Waze lleva a un punto que está aproximadamente a unos trescientos o cuatrocientos metros de la casa. Entonces llamó a la Chica, como ella le había indicado y desde ahí ella lo dirigió hasta llegar a la casa de sus padres. Estaba frente a un gran portón de madera maciza, con un cartel al lado que decía: Peligro, rottweiler suelto. "Supongo que lo habrán guardado para que yo pueda entrar", pensó un poco temeroso, Ricardo. Lentamente se comenzó a abrir el portón, primero la hoja derecha y cinco segundos después la hoja izquierda. A lo lejos, entremedio de los árboles, a unos cien metros, se veía la luz de una casa. Avanzó lentamente, siguiendo el camino serpenteante entre medio de los árboles. Llegó a un patio empedrado, con una fuente de agua en el medio. A la derecha estaba la casa, al frente encontró una suerte de castillo de piedra, un torreón para ser más exactos, y a la izquierda una construcción que le pareció debía ser un canil, y a juzgar por los ladridos, ahí había más de un rottweiler encerrado. En la puerta de la casa lo esperaban dos personas. Una mujer y un hombre de unos setenta años. Ambos caminaron hacia el auto y le preguntaron si es que le había costado llegar. A lo que él respondió:

—Su hija me guió por teléfono, así que no tuve mayores problemas.

Luego, la Ame se presentó como la señora de Germán, presentó a Luis como su hermano menor y culpó a las piedras del patio por la caída que había sufrido su marido. A Ricardo le llamó la atención ella, estaba triste y contenta a la vez, hace más de dos meses que no veía a su marido y en los momentos más complejos creyó que no lo vería más. Ahora ella se había arreglado y estaba perfectamente peinada para recibirlo. Por otro lado, Luis le pareció un hombre muy cálido y acogedor. No era tan mayor como pensó de primera impresión, probablemente tenía unos sesenta y dos o sesenta y tres años, pero la barba canosa, sin duda lo hacía ver mayor.

Ricardo le pidió a la Ame y a Luis que le mostraran la casa y la habitación donde estaría Germán. La pieza estaba en el primer piso, lo que era bueno, pero observó que la casa era complicada debido a que tenía dos desniveles. El primero, a la entrada y el segundo en el paso desde el hall de entrada hacia el comedor. A su vez vio que el acceso a la habitación podían hacerlo desde el comedor, pero quedaba muy estrecho para maniobrar con la camilla. La otra opción era entrar desde el escritorio de Germán, que también tenía un peldaño a su entrada, pero les dejaba un mayor espacio para maniobrar. Sí, este último, sin lugar a duda, era el mejor camino. Los paramédicos que vienen en la ambulancia, son gente experimentada en el traslado de pacientes, pensó. Ellos mirarán, previamente, cuál es el mejor recorrido. Entraron a la habitación de Germán y la Ame le comentó que habían desarmado su cama matrimonial, la que tenían desde hace más de cincuenta años y la habían guardado en otra habitación de la casa. Ricardo observó que ya estaba instalado el catre clínico que proveía el RH, el cual tenía puesto un colchón anti escaras. Se acercó porque algo llamó su atención y preguntó: "¿Este colchón venía con el catre?" "No", le dijo la Ame, "me lo prestó mi hermana. Lo compraron para su marido, que falleció hace dos años. Es muy bueno, mi cuñado estuvo varios años pasando mucho tiempo acostado, y nunca tuvo escaras". "Ya veo", dijo Ricardo. "Se nota que es muy bueno". Sin embargo, observó que el colchón era muy alto para este catre, ya que las barandas de sujeción sobrepasaban por solo unos quince centímetros sobre su superficie.

Habían pasado unos diez minutos cuando vieron unas luces asomándose a la altura del portón de madera. "Es la ambulancia", dijo Ricardo y avanzó rápidamente hacia la puerta.

—No, dijo la Ame, es mi hija.

—¿Es la hija con la que hablé?, preguntó Ricardo.

—No, respondió la Ame. Con la que habló es la Chica. Ella vive en Santiago. La que acaba de llegar es Paula, ella vive a tres km de aquí.

No había terminado de hablar y del auto ya se estaban bajado una mujer alta y sonriente, de más de un metro setenta, un hombre alto, canoso, con barba y cuatro niños de distintas edades, entre cinco y quince años, aproximadamente. Todos con mascarillas y manteniendo una distancia prudente debido al riesgo de contagio por covid. Él supo inmediatamente que eran los nietos y se veía la ansiedad en sus ojos. Todos querían ver a su Tata.

Ahora sí las luces correspondían a la ambulancia. Por fin llegaba su paciente, sentía curiosidad por conocerlo. La ambulancia se detuvo en el patio empedrado, unos metros corridos de la puerta, para tener espacio para maniobrar y sacar la camilla. Abrieron la puerta y desde dentro salió un paramédico junto a Paz y pudo observar a alguien recostado en la camilla.

Paz se acercó a Amelia y se presentó. Le dijo que ella era una de las TENS que se haría cargo del cuidado de su marido. La Ame le tomó las manos, la miró y le dio las gracias. Solo con esa mirada, ella se dio cuenta que estaba llegando a una familia profundamente acogedora, hospitalaria y que había sufrido mucho. Posteriormente, saludó a Luis, quien también en sus ojos mostraba el cariño que sentía por la familia de su hermano. Paula, su marido y niños estaban alejados a una distancia prudente, por lo que solo los saludó con un ademán, él que fue inmediatamente respondido por todos.

Ricardo se acercó al paramédico y le pidió que antes que bajaran la camilla, observaran la casa para ver la mejor forma de acceder con la camilla. Los acompañó y estuvieron de acuerdo con él en que el mejor camino era a través del escritorio de Germán. Eso implicaba que tendrían que correr algunas sillas y mover muebles para despejar el camino. No fue problema, los hijos de Paula trasladaron todo lo que era necesario en dos minutos y la vía quedó cómodamente despejada para que pudiera pasar la camilla con el Tata.

Bajaron la camilla con cuidado y cuando estuvo en el suelo la Ame se acercó inmediatamente a ver a su marido, los ojos se le pusieron vidriosos y lo saludó tiernamente.

—Hola mi viejo, ¿cómo estás?

—Ahora que estás a mi lado, estoy bien, contestó Germán, galantemente.

Sin embargo, no pudo dejar de notar el encanecido pelo de la Ame y la ansiedad que se marcaba en su semblante. Sintió una profunda tristeza de pensar en el sufrimiento que le había infringido a su mujer. Paz, que estaba observando discretamente alejada, no pudo contener su emoción. También se había fijado en la cara de la Ame cuando recién la vio y observó la pena que tenía en su mirada.

Los paramédicos movieron la camilla con pericia y salvaron sin problemas los peldaños que había en el camino y en pocos minutos estaban en la pieza de Germán. Rápidamente Paz armó la cama con las sabanillas que le permitirían hacer los cambios de posición a su paciente y entre los paramédicos y Ricardo hicieron la transición de Germán a su nueva posición. Estaban acomodándolo, cuando él les dijo que se iba a caer.

—¿Por qué?, preguntaron.

—Porque no tengo barandas.

—Si tienes barandas, le dijo la Ame, lo que pasa es que el colchón es muy alto y por eso quedan un poco hundidas, pero ellas te protegen de cualquier caída.

—Me voy a caer, me voy a caer, siguió diciendo Germán.

Estaban todos perplejos, no sabían qué hacer. La Ame trataba de convencerlo, pero él se veía tenso, inquieto, intranquilo.

—¿Cuál es el colchón que venía con el catre?, preguntó Ricardo.

—Yo te lo muestro, dijo Luis rápidamente y lo llevó al segundo piso.

Ahí Ricardo vio la cama matrimonial desarmada y vio la colchoneta del catre clínico. Le pareció muy delgada, y claramente no era un colchón anti-escaras, pero serviría por esta noche a Germán y podrían gestionar la traída de otro colchón anti-escaras durante el día. Ricardo no lo volvió a pensar y le preguntó a Luis si podían llevar esa colchoneta para abajo. Entre ambos la bajaron por la escalera de caracol de fierro forjado que unía el primer con el segundo piso. Entraron a la habitación y vieron que Germán seguía atemorizado con caerse de la cama y que la Ame y Paula trataban de convencerlo de las grandes virtudes de este colchón y que era lo mejor para él. Ricardo se acercó a ellas y les dijo:

—No lo van a convencer, su temor es genuino, él se siente inseguro. Les sugiero que lo cambiemos y mañana le conseguimos otro colchón anti-escaras.

—Bueno, dijeron al unísono la Ame y Paula.

—Gracias, dijo Germán, con un viso de tranquilidad en su mirada.

Ya eran las nueve de la noche y tenían que cambiar el colchón. Lo que parecería una tarea fácil en cualquier situación cotidiana, en este caso era titánica. Lo primero, encontrar un lugar para dejar a Germán mientras hacían el cambio. Después debían cambiar el colchón y hacer la cama con las sabanillas y luego trasladarlo nuevamente a la cama. La ambulancia ya se había ido y con ellos se fue la ayuda para poder mover a Germán. Sin embargo, venía llegando el enfermero de RH, quien haría el ingreso. Había llegado en un excelente momento.

Ricardo observó la habitación y sugirió sentar a Germán en su bergere mientras hacían el cambio de colchón. Entre Luis, Ricardo, el marido de Paula y el enfermero lo sentaron y se dispusieron a hacer el cambio. Pasaron dos minutos y Germán empezó a decir que no resistía estar sentado ahí, que le dolía, que por favor lo sacaran, que ya no aguantaba más. Fue entonces cuando intervino Paz. Ella había observado, cuando lo vestían en la clínica que tenía una escara en la zona sacra y eso era probablemente lo que ahora le dolía. No tenía que ver con la infección, ni con la herida de la operación, si no que era una herida de piel, tremendamente dolorosa. Paz se lo hizo saber inmediatamente a los presentes y Ricardo, casi sin pensar y empatizando rápidamente con el dolor de su paciente, se puso detrás del bergere, lo abrazó desde las axilas y lo levantó, alivianando el peso en el área de la herida.

—¿Está mejor así?, le preguntó.

—Sí, mucho mejor. Muchas gracias, le dijo, con un suspiro de alivio.

La posición de Ricardo era muy incómoda, lo que rápidamente notaron todos los presentes. El cambio de colchón había que hacerlo rápido. Cuando terminaron, y la cama estuvo lista, hicieron la transición de Germán a la cama y le preguntaron cómo se sentía.

—Ahora estoy bien, no me voy a caer, gracias y perdonen todo el alboroto, por favor.

Por fin el paciente estaba instalado en su cama y el enfermero procedió a la evaluación. Luis, Paula y su familia salieron de la habitación para darle más privacidad. Se quedaron con él: Ricardo, Paz y la Ame. Lo desvistieron y verificaron lo que Paz les había dicho. Tenía una escara tipo I en la zona sacra. A la Ame se le asomaron unas lágrimas en los ojos y ella le tocó el brazo y le dijo:

—No se preocupe, sabemos cómo curar estas heridas, lo vamos a recuperar rápidamente.

—Gracias, dijo la Ame.

Siguió la evaluación y ella observó con pena lo delgado que estaba su marido. Literalmente, estaba en los huesos, en sus piernas no tenía músculos, prácticamente era huesos y piel. Sabía que iba a llegar delgado, uno de los motivos por el cual había sido trasladado a la casa era porque se negaba a comer en la clínica, pero nunca se imaginó que pudiera llegar a ese nivel de enflaquecimiento. En fin, ella se iba a preocupar de alimentarlo y nutrirlo bien, siempre cuidando adecuadamente las glicemias. Pero ella no tendría problema con eso.

Por su lado Ricardo, desde su perspectiva, observó la falta de musculatura de Germán. Nueve semanas en una cama habían hecho desaparecer prácticamente los músculos de brazos y piernas. Había que comenzar por generar músculo y reforzarlo para poder avanzar en la neuro rehabilitación. Además, tendría que reforzar toda la musculatura toráxica para evitar problemas respiratorios y la musculatura de la espalda y cuello, para que pudiera levantar la cabeza y poder mantenerse sentado. Iba a ser un paciente complejo, principalmente, debido a la edad, pero se veía amable y conectado con la realidad. Afortunadamente, no veía signos de *delirium*.

Cuando terminó la evaluación y el ingreso, se despidieron Ricardo, el enfermero y Paula con su familia. Por fin la casa estaba más tranquila y la Ame fue donde su marido.

—¿Cómo estás viejito?

—Molido, contestó Germán. Me duele todo, pero estoy feliz. Por fin estoy aquí.

La Ame le dio un consomé que había preparado. Solo bebió unas pocas cucharadas y se quedó dormido. Paz había aprovechado de ordenar los implementos y medicamentos. Dejó a mano la planilla de registros y observaba discretamente lo que conversaban Germán con la Ame. Cuando se quedó dormido, la Ame le dijo,

—Paz, venga conmigo a la cocina a comer algo. Aprovechemos que ahora está descansando.

Paz lo dudó, porque su labor era estar las veinticuatro horas con el paciente. Pero Amelia, acogedora como era le dijo, "vamos, hay que aprovechar que ahora esta dormido".

Las dos fueron a la cocina y Amelia sirvió dos tazones de consomé caliente. Cruzaron algunas palabras, y pudieron por fin descansar unos minutos de la tensión que habían tenido en esta jornada, sobre todo desde la llegada de Germán.

—¡Ame, Ame!, escucharon. Ambas mujeres se levantaron para ver que necesitaba Germán. Paz, prudentemente, dejó que su señora se acercara a preguntar.

—¿Qué pasa viejo?

—Nada, contestó Germán. Es que creí que había soñado que volvía a la casa, pero ahora veo que es verdad, dijo sin abrir los ojos, y esbozando una sonrisa se volvió a dormir.

– LO QUE VIENE AHORA –

La Ame estaba feliz y muy preocupada a la vez. Había sido madre tres veces, y lo había hecho estupendamente bien. Había sido una madre muy preocupada de sus hijos, abnegada, cariñosa y cercana. ¿Cometió errores?, sí, como todas las madres, pero puso todo su corazón para darle a cada uno de sus hijos lo que necesitaba. A nadie le enseñan a ser madre, solía decirle a sus hijas cuando estaban esperando un hijo o cuando le pedían algún consejo. O "los hijos no vienen con manual de instrucciones, hay que hacer lo que el corazón y el sentido común nos indique". Fue madre muy joven, a los veintidós años tuvo su primer hijo, luego a los veintitrés su segunda hija y a los veintisiete su tercera y última hija. A pesar de su juventud, fue perfectamente capaz de cuidarlos, alimentarlos y ayudarlos a crecer. De sufrir con ellos cuando tuvieron una enfermedad o de tomar decisiones por fuertes o duras que fueran por el bienestar de sus hijos. Había aprendido en el camino, cada uno de sus hijos le fue enseñando qué hacer y cómo comportarse desde el primer minuto de la dulce espera. Fue un aprendizaje paulatino, tranquilo, sin apuros y que a sus casi setenta y cinco años continuaba, porque como bien decía, nunca se deja de ser madre y ella seguía aprendiendo a ser soporte y apoyo para sus tres hijos y once nietos.

Ahora era diferente, sin experiencia previa, sin conocimientos más que su amor y sentido común, y sin la fuerza de la juventud, debía cuidar a su marido postrado en cama, con muy poca movilidad. Era una tarea titánica y ella lo sabía. Él, su

Germán ahora dependía ciento por ciento de ella. Contaba con ayuda, sí, con valiosa ayuda, pero la responsabilidad era suya y así como a sus veintidós años ella se dijo dulcemente, sí acepto feliz la responsabilidad de ser madre para toda la vida, ahora decía dulcemente, sí, acepto feliz la responsabilidad de cuidar a Germán y voy a dar todo lo que esté de mi parte para que se sienta lo mejor posible.

La Ame es una persona suave, muy educada, cariñosa con una personalidad tranquila que no busca llamar la atención. De corazón generoso y empática con los demás. Aterrizada, realista, siempre había sido el cable a tierra de su marido. Germán es de una personalidad extrovertida, bueno para bromear y echar la talla, voz fuerte y chiste fácil. De personalidad fuerte, empeñoso, persistente, soñador y optimista por naturaleza. Siempre fue protector y procuraba que la Ame no tuviera preocupaciones, aunque ambos saben que ella fue un puntal muy importante cuando tuvieron dificultades. Ahora, nuevamente ella tenía que ser fuerte, apoyar a su marido y sacarlo adelante, costara lo que costara.

Contaba con la valiosa ayuda de Luis, su cuñado, quien la había acompañado todo el tiempo de hospitalización de Germán y que le había dicho, "no te preocupes, me quedaré todo lo que sea necesario". Y también, con toda la ayuda del equipo profesional del RH, además de sus hijos que estaban muy presentes para ayudar en lo que se necesitara.

Ella había salido de su pieza y se había ido a dormir al segundo piso, para dejar al lado de Germán a Paz. Había pasado una mala primera noche. Tenía mucho dolor y difícil posición en la cama. Era previsible, ya que el ajetreo del traslado del día anterior le había pasado la cuenta. A pesar de haber dormido poco y de haberse levantado a verlo varias veces durante la noche, la Ame se levantó a las 6:00 y lo fue a ver. Germán estaba despierto, dormitando, tratando de descansar y de no molestar.

—¿Cómo estás viejito?, le dijo tomándole la mano.

—Bien, pero sigo aquí pensando cómo fui tan tonto de echarme cemento en los pies.

—No te echaste cemento en los pies, le dijo ella con cariño, lo que pasa es que tú los sientes así ahora. Te caíste hace más de dos meses, tuviste una infección muy grande en la columna y eso hace que sientas esa sensación en los pies. Pero no te preocupes, vas a ver que de a poco y con los ejercicios que te van a hacer, vas a ir recuperando tu sensibilidad. Ahora, continuó, voy a ir a prepararte un rico desayuno, le voy a pedir a Paz que te tome la glicemia. Le dio un beso en la frente y se fue.

A los veinte minutos volvió con un desayuno que para Germán era el más delicioso de su último tiempo. No tenía nada muy especial. Una taza de té, dos tostadas, una con queso y la otra con palta. Pero su sabor no podía ser mejor. La Ame acomodó la bandeja y le empezó a dar en la boca. Con su mano izquierda, él podía ayudar con el pan, pero no con el té, porque lo podía botar. Las comidas se fueron convirtiendo en sus pequeñas recompensas, después del arduo trabajo de kinesiología, terapia ocupacional o fonoaudiología. La Ame se esforzaba por prepararle las mejores comidas, tanto en sabor como en contenido nutritivo, porque de esa manera tenía que, por un lado, controlar las glicemias de su marido y por otro, hacerlo recuperar masa muscular y subir de peso.

Ella no sabía mucho qué iba a pasar y le sirvió ir pensando solo el día a día y no abrumarse por la tremenda tarea que tenía por delante. La iba a apoyar un buen equipo de profesionales y el día anterior Ricardo y Tomás, el enfermero del RH, le explicaron cómo funcionarían. "Somos un equipo de varios kinesiólogos, más la terapeuta ocupacional y la fonoaudióloga. Nosotros somos un equipo que nos estamos reuniendo frecuentemente y vamos evaluando al paciente y trazando objetivos de corto, mediano y largo plazo. Se van haciendo las actividades de la recuperación orientadas a cumplir estos objetivos. No importa quién sea el kinesiólogo que venga, porque estamos coordinados y juntos vamos empujando este frente común. El programa de rehabilitación es intensivo, todos los días de la semana, en la mañana y en la tarde, más la terapia ocupacional tres veces a la semana y las sesiones de fonoaudiología una vez a la semana.

En ocasiones haremos sesiones conjuntas kinesiología-terapia ocupacional, si así lo ameritan los objetivos que queramos lograr. Lo primero será que él vaya teniendo confianza en nosotros, para que se entregue a la rehabilitación. Luego iremos activando y fortaleciendo los músculos del cuello y la espalda, para lograr lo que se conoce como 'borde de cama'. Esto es que el paciente se pueda sentar y pueda permanecer firme al borde de la cama. Este objetivo es muy importante, porque cuando se logra se puede avanzar a tratar de conseguir el bípedo, por lo tanto, también iremos activando y fortaleciendo la musculatura de sus piernas y brazos. Para que nosotros podamos hacer nuestro trabajo, es muy importante la voluntad del paciente. Esto es treinta por ciento nosotros, setenta por ciento el paciente", finalizó Ricardo.

"Por otro lado, está el apoyo de enfermería", dijo Tomás, "la TENS se preocupará del cuidado y del bienestar de don Germán. Se preocupará de moverlo en la cama para que no se produzcan escaras, de su aseo y necesidades, le dará los remedios y controlará sus signos vitales. Es importante que usted vaya aprendiendo cómo manejar a don Germán, porque el apoyo de enfermería es temporal y en algún momento terminará".

Así será, pensaba la Ame, yo me preocuparé de su alimentación y de aprender de todos estos profesionales, para seguir ejercitando con Germán, cuando ellos ya no estén. Luis, que también estaba presente en esta conversación acotó: "Muchas gracias por todo este apoyo, pueden contar conmigo para lo que necesiten, aquí estaré yo también ayudando".

Era su primer día en la casa. Su cabeza era una mezcla de emociones y realmente no sabía cómo se sentía. Lo hacía feliz estar en su casa, pero era como si no estuviera. Estaba, pero no estaba. Es verdad, estaba en su casa, en su pieza, con la Ame, pero no podía salir a recorrer la parcela, no podía ver qué estaba pasando afuera, no podía sentir el cariño de sus perros. Abrió los ojos esa mañana y escrutó entre la oscuridad los muebles de la pieza. Sí, estaba en su casa, pero seguía sin poder mover la cabeza, sin poder sentarse, sin poder mover los pies, ni siquiera podía mover los brazos. Es decir, la pesadilla continuaba, solo había cambiado el escenario, la ambientación. Ya no era una pieza de hospital, sino que ahora estaba encerrado en su pieza. La Ame le había traído un rico desayuno esa mañana, el mejor que había probado en mucho tiempo, y eso lo llenaba de alegría, de calor de hogar, sin embargo, los malos pensamientos a lo triste de su situación volvían recurrentemente a su cabeza. Él quería salir, despojarse de ese cuerpo que lo tenía en una cama. Quería levantar su mano y acariciar a su señora, quería reclinarse y abrazarla, pero solo podía esperar que ella lo hiciera, porque él era incapaz. Miró por la ventana y vio algo de su patio. La vista y el ángulo de su posición le permitían ver un pedacito de cielo, un pedacito de árbol y si se esforzaba, uno que otro pajarito que estuviera dispuesto a dejarse ver. Durante esa semana fue despejando la idea de que se había echado cemento en los pies y logró entender qué le había pasado, pero seguía sintiendo el peso de cierta responsabilidad de haberse caído. ¿Por qué no había tomado más precauciones? Él no era un hombre cauto, eso lo sabía y se recriminaba por eso. Ahora era una carga para la Ame. Ella jamás se lo iba a hacer sentir, pero había que tener dos dedos de frente para darse cuenta qué era lo que significaba hacerse cargo a su edad de un hombre postrado en cama. No quería eso, pero se sentía impotente ante todo lo que veía por delante. Por naturaleza, Germán era un hombre positivo que siempre sacaba la vista más optimista de la peor situación, pero esta vez se sentía superado. No lograba tener siquiera un pensamiento optimista, todo lo veía negro, muy mal, como si hubiese caído en un pozo profundo. Lo sacaban de estos pensamientos y sensaciones todas las personas que estaban rondando a su alrededor. En primer lugar, la Ame, con su cariño y compromiso, trayéndole cosas ricas para comer, preocupándose de que estuviera abrigado, peinado, limpio, en fin, de todo lo que pudiera requerir. Por eso cada vez que ella aparecía por la puerta, la recibía con una sonrisa, lo más sincera que le fuera posible, porque ella se lo merecía. Luis, su hermano menor, que en forma milagrosa estaba quedándose en su casa cuando tuvo este accidente y pudo acompañar a la Ame en toda esta situación. Luis era muy discreto y solo aparecía unas pocas veces durante el día para ver si requería algo de su parte. Paz, Conty, Cami y Romina, eran las TENS que lo cuidaban y estaban en turnos de veinticuatro horas. Ellas irrumpían cortando sus pensamientos cada vez que tenían que atenderlo, darle un medicamento, asearlo, peinarlo. Y si no era alguna de estas cosas, simplemente conversándole, distrayéndolo, jugando dominó. Y todo el equipo de profesionales que cubrían las kinesioterapias, los ejercicios de fonoaudiología y la terapia ocupacional. Era una rutina a la que se tenía que acostumbrar y que, poco a poco, le fue dejando escaso tiempo para tener estos pensamientos negativos y auto compadecerse. Se fue acostumbrando a esta nueva rutina, a esta nueva normalidad, pero no estaba conforme. Sabía que debía agradecer porque estaba vivo, porque tenía una familia que lo apoyaba, porque tenía todo un equipo de profesionales comprometidos con su salud, por las decenas de saludos que le llegaban a diario por distintas vías. Sabía que tenía que ser y estar agradecido, pero ese pensamiento racional no lo sentía en su interior ni en su alma. En su emoción sentía rabia e indignación, ya que no quería aceptar estar postrado por el resto de su vida. Fue así como, casi por amor propio y por orgullo, pero con poca esperanza, se entregó a su rutina diaria y a los distintos terapeutas. De a poco empezó a ver pequeños cambios en su movilidad. Lo primero fue leves movimientos en los dedos de los pies. Él no lo podía ver, pero sí, creía poder sentir que estaba moviéndolos, pero la cara de la Ame, de Cony, Luis y el kinesiólogo le hacían sentir que era una tremenda hazaña. Habían pasado días desde que había llegado de vuelta a la casa, pero este pequeño y gigante logro a la vez, lo había llenado de energía y poco a poco los pensamientos negativos lo fueron abandonando.

El primer mes fue difícil para la Ame, pero más que difícil, fue cansador para sus años. Ella se volcó en cuerpo y alma para ayudar a su marido. Contó con la ayuda permanente de Paula, y con el apoyo telefónico de sus otros dos hijos. Hizo su rutina en base a los horarios de terapia de Germán, y cuando no estaba ocupado en terapia, comiendo o descansando, lo acompañaba conversando de distintos temas, donde siempre era recurrente hablar de lo que estaban viviendo. "¿Sabes? —le dijo la Ame—, me comentó Ricardo, que hay un libro que muestra los pronósticos de acuerdo con el tipo y profundidad de la lesión. En tu caso es una lesión por compresión lo que la hace de mejor pronóstico que otras. También me contó que, en las primeras evaluaciones, te midieron la actividad de los músculos y la fuerza que podrías llegar a tener con la kinesioterapia y, de acuerdo con eso, tu podrías llegar a caminar con ayuda".

—¿Te imaginas lo bueno que sería?, le dijo la Ame, acariciándole la mano.

—Sí, dijo Germán, me lo comentó Ricardo. Y también me dijo que la rehabilitación depende en un setenta por ciento del paciente. Yo voy a tomar ese setenta por ciento Ame y lo voy a convertir en ciento por ciento. No te preocupes, que yo voy a hacer todo lo que esté de mi parte para poder volver a ponerme de pie.

En eso llegó Paula, que los visitaba permanentemente y que estaba muy atenta a las necesidades de Germán y la Ame.

—¿Cómo están?, preguntó alegremente.

Ella, muy parecida a su padre también era muy optimista y siempre estaba viendo el lado bueno de las cosas.

—Bien, aquí estábamos hablando con tu padre respecto al esfuerzo que debe poner para la rehabilitación.

—Debes poner el doscientos por ciento en voluntad, eso está claro, ¿verdad?, bromeo Paula.

—El trescientos por ciento voy a poner, dijo Germán, y no es broma.

—Cambiando de tema, dijo Paula, estuve conversando con la mamá y me decía que sería bueno hacerte una mesa de cama que te vaya permitiendo que puedas comer solo y que te facilite los ejercicios de terapia ocupacional. Hay un apoderado en el curso de uno de los niños que hace este tipo de cosas y aquí les traigo unos modelos. Quiero tomar las medidas para que la podamos hacer lo antes posible, y sin decir más sacó una huincha de medir, les hizo algunas preguntas, tomó apuntes y se fue.

A los cinco días, Paula estaba cruzando la puerta de la casa de sus padres con un gran paquete de regalo. "Ven mamá", dijo cuando pasó por el comedor y se dirigió a la habitación de su padre. "Mira el regalo que te traigo" y puso sobre su cama el paquete.

—Ábrelo, tú puedes hacerlo, sin ayuda, lo desafió.

—Le pusiste mucha cinta adhesiva, reclamó Germán, está muy difícil de abrir.

Paula se encogió de hombros y le dejó en claro que no lo ayudaría.

—Vamos, le dijo la Ame.

Logró meter los dedos por una parte del paquete y hacer un pequeño hoyo.

—¿Cuántas capas de papel le pusiste Paula?, preguntó. Lo había envuelto endemoniadamente bien.

Se tomó unos cinco minutos en lograr abrir un paquete que en otros tiempos habría abierto en treinta segundos. Sin embargo, la presión que sentía de las miradas de Paula, la Ame y Paz, y su decisión de poner todo de su parte, fueron su energía. No podía flaquear. Pudo tirar una franja de papel, se veía algo de madera adentro, pudo sacar otra tira de papel, y otra, hasta que logró abrirlo. Abrió grande los ojos, adentro había una preciosa mesa de cama de madera. Retiró todo el papel y se la acomodó.

—Paula, está perfecta, le dijo.

—Sí, papito. Con esta mesa podrás ejercitar con más facilidad y te será más fácil manipular cosas. Y diciendo esto, le pasó su celular. Hace algunos días me dijiste que formateara tu celular para que se lo pasara a la mamá ya que tú no lo volverías a usar. Pues tómalo ahora y empieza a practicar, porque sé lo importante que es para ti estar conectado.

Germán, atontado tomó el celular con sus torpes manos y lo volvió a poner sobre la mesa, un mes después estaba hablando y podía mandar mensajes, estaba nuevamente conectado.

— "AME SU MANO DERECHA" —

Sonó el despertador a las 7:00 a. m., como de costumbre. Remoloneó unos minutos más en la cama antes de levantarse. Era un frío día de invierno y las sábanas estaban tibias e invitaban a quedarse, pero Cony sabía que solo se podía dar una licencia de unos pocos minutos, ya que tenía agendada la visita a un paciente nuevo y era fuera de Santiago. No tenía mucha claridad dónde, porque nunca había ido. Finalmente, saltó de la cama y se dirigió a la cocina donde se preparó un café negro, como a ella le gustaba. Hizo también unas tostadas y tomó desayuno. Luego de ordenar la cocina, se dio una ducha caliente, se lavó el pelo y se vistió. Le preguntó a su amiga si sabía dónde quedaba Pirque, ella se levantó de hombros y le dijo:

—¿Parece que es para el Cajón del Maipo?, sin mucha seguridad y más como pregunta que respuesta.

—No sé, dijo Cony.

La amiga se fue, ya que entraba a trabajar a las 9:00 horas y le tomaba más o menos unos treinta minutos llegar hasta su oficina. Colocó la dirección en el celular y Waze le indicó que demoraría, aproximadamente, una hora y quince minutos. Tengo que llegar a las 11:00 pensó Cony, debo salir máximo a las 9:30, para darme quince minutos de tiempo extra, meditó. Arregló sus cosas y tomó el informe que le habían enviado de RH. Indicaba que era un hombre de setenta y nueve años, con una lesión medular, hospitalización larga y tetraparesia. Cerró el departamento que compartía hace tres años con su amiga y mientras bajaba las escaleras del edificio trató de imaginarse a su paciente. Visualizó a un hombre viejo, cansado, con poca energía. Muy deteriorado y con poco ánimo. Se lo imaginó postrado en el catre clínico, con muy poca movilidad.

Si hubiera tenido que describirse a sí misma, habría dicho, soy una mujer de treinta años, pelo castaño oscuro, rizado, de contextura gruesa. Soy terapeuta ocupacional, profesión que llena completamente mi vocación, y por eso cada paciente que tengo a cargo es un mundo por descubrir. Soy quisquillosa, me gusta que las cosas se hagan bien y, por sobre todo, soy muy luchadora, es difícil que me dé por vencida.

Subió a su auto, puso música y siguió las indicaciones del Waze. Había un accidente en el camino y mucho más tráfico del que ella esperaba. Buscó rutas alternativas, pero irremediablemente se fue atrasando. Llamó por teléfono para avisar que iba a llegar un poco atrasada. La voz al otro lado del teléfono le contestó, "no hay problema". Estaba un poco intranquila, a ella le gustaba ser puntual y cumplir adecuadamente con sus pacientes, sobre todo si es que era la primera vez. Pero ya había avisado.

Se detuvo frente a un gran portón de madera oscura, con grandes remaches de fierro. Las murallas de aproximadamente un metro ochenta estaban hechas de piedra. Al lado izquierdo, se observaba una puerta peatonal de fierro forjado cuadriculada que permitía ver hacia dentro, pero dado el ángulo en que ella estaba, no veía más que un poco de pasto y unos árboles. Llamó para avisar que había llegado. Lentamente se abrió el portón y ella se encontró frente a un hermoso lugar. Había un camino con varias curvas que llevaba hacia un patio empedrado con una fuente en su centro, un castillo al fondo y una casa blanca con tallados en las ventanas a mano derecha. Por el lado izquierdo había una amplia cancha de fútbol de pasto, después veía una glorieta con muebles de terraza y más allá un galpón. Todo este paisaje estaba enmarcado por los cerros que se veían muy cerca y parecían el telón de fondo. Entró lentamente, porque no quería perder detalle de este bonito lugar. A medida que iba avanzando fue sintiendo que la embargaba una energía positiva y su incomodidad por el atraso fue desapareciendo.

Se detuvo frente a la puerta, en el patio empedrado, y un señor de barba cana le indicó que avanzara un poco más, para estacionar el auto.

Cony tomó su cartera, cerró su auto y caminó hasta la casa.

—Hola, buenos días, la estábamos esperando, le dijo Luis.

—Sí, lamento mi retraso, dijo Cony, había un accidente en el camino.

—No es problema, dijo amablemente Luis.

Entraron y salió a recibirla una señora de setenta y cinco años, aproximadamente, pelo castaño, corto, con mirada amable.

—Hola, ¿cómo está?, bienvenida, le dijo la mujer.

—Muchas gracias, yo soy Cony, la terapeuta ocupacional.

—Le voy a mostrar donde está Germán, y la condujo a través de un espacio que parecía ser una oficina, con un escritorio antiguo, computador y cuadros muy bonitos, hacia una habitación, que en un catre clínico tenía a un hombre dormitando. Acompañaba a este hombre una señora, que ella inmediatamente dedujo era una auxiliar de enfermería. La saludo con la cabeza y ella le devolvió el saludo.

—Hola don Germán, soy Cony, su terapeuta ocupacional. ¿Cómo se encuentra? Voy a venir a verlo tres veces a la semana y con ejercitación vamos a intentar que usted logre ser lo más autovalente posible.

Germán que estaba dormitando, abrió un ojo primero, seguido por el otro y la saludo.

—Muy bienvenida Cony, gusto de conocerla.

En pocos segundos, la Ame se había puesto al otro lado de la cama y le preguntó si necesitaba algo.

—No. Me gustaría conversar con ustedes para saber qué pasó y qué esperan de esta terapia, de manera de poder organizar un plan de trabajo que nos permita ir cumpliendo los objetivos terapéuticos.

Germán comenzó a relatar la historia y Ame la complementaba con cariño cuando se daba cuenta que él había omitido algún detalle.

—Eso no es importante, le reclamaba él, pero ella insistía en que debían dar todos los detalles y que Cony juzgara si era o no relevante.

Ella asintió con la cabeza mientras sentía la energía que tenía este hombre que no era como ella lo había imaginado, apagado y deteriorado. Por el contrario, lo percibió como un hombre inteligente, energético, con muchas ganas de hacer cosas, atrapado en un cuerpo que no quería moverse. Mientras escuchaba con atención su relato, observó que su rostro se veía triste, que denotaba desesperanza, aunque sonreía y decía chistes, muchas veces riéndose de sí mismo. Cony le dio la mano y le pidió que se la apretara, también le pidió que levantara los brazos y fue haciendo una serie de anotaciones en su cuaderno. Le preguntó qué cosas hacía antes del accidente. A lo que él le contestó,

—Absolutamente de todo, hasta manejar.

—No de todo, corrigió inmediatamente la Ame. No te vestías solo y tampoco te ponías los calcetines, yo te ayudaba.

—Ahhh, pero eso era porque me dolía la espalda y me costaba subir los brazos, dijo él excusándose.

—Pero eso es lo que tienes que decirle a ella, retrucó la Ame.

—Está bien, dijo Germán con cara de un niño chico que lo pillan en alguna mentirilla. Hay algunas cosas que me costaba hacer, como levantar mucho los brazos y la Ame me ayudaba.

—Gracias don Germán, justamente esas son las cosas que necesito saber. Y, ¿qué es lo que quiere lograr?

—Quiero volver a estar como estaba antes del accidente, es decir quiero ser autónomo y autovalente, no quiero ser una carga para la Ame.

—No eres una carga para mí, dijo inmediatamente molesta ella.

Antes de irse, la Ame ofreció un café o té a Cony, pero ella rehusó diciéndole que tenía que irse para llegar a tiempo a ver a su próximo paciente. Se subió al auto y dejó atrás el patio empedrado, el castillo y la casa blanca con tallados en las ventanas. Iba pensativa, revisando en su memoria las conversaciones que había sostenido con Germán y la Ame. Pero más que el contenido de la conversación, Cony estaba tratando de recordar los gestos, los comentarios, las miradas. Le llamó la atención la energía positiva de esa casa, la complicidad del matrimonio, la mirada de Germán. Tengo que hacer todo lo posible para que este señor pueda recobrar la movilidad de sus manos y lograr las tareas que se proponga, pensó.

Al principio fue difícil trabajar con Germán, porque él no le encontraba mucho sentido a los ejercicios que ella le llevaba. Una de las primeras tareas que le asignó fue poner media taza de porotos sobre la bandeja de su cama y con los dedos en pinza, debía ir sacándolos de la bandeja y ponerlos en un frasco. Cuando logró hacerlo con los porotos, se los cambió por lentejas. Y así fue avanzando y teniendo pequeños logros. Quedaba agotado después de hacer cada uno de estos ejercicios, más aún si se consideraba que además estaba con una sesión de kinesioterapia en la mañana y otra en la tarde.

Ese miércoles en la mañana, la Ame salió a recibirla y le dijo casi sin saludarla que Germán había empezado a levantar el brazo derecho. Cony ya lo sabía, porque estaba en el grupo de WhatsApp de los kinesiólogos en donde ellos iban comentando todos los avances que Germán iba logrando. Pero no le iba a quitar a la Ame el gusto de decírselo.

—¡Síííí, qué maravilla!, le dijo e inmediatamente entró a la habitación y le pidió a Germán que levantara el brazo, lo que él hizo con mucho esfuerzo, despegándolo unos veinte centímetros de la cama.

—Excelente, dijo Cony, entonces ahora podremos trabajar con ambas manos, usted es diestro, ¿verdad?

—Mmmmmm, yo creo que ahora soy zurdo, dijo Germán con cierta picardía.

—No, usted seguirá siendo diestro, le corrigió ella.

A la sesión siguiente, Cony le llevó ejercicios para ambas manos por separado y en forma combinada. Poco después le pasó un lápiz para que hiciera palotes. "Volví a kínder", decía Germán riéndose de sí mismo, pero ella se daba cuenta de la frustración que había tras esas palabras. En un momento de descanso, Germán le comentó que tenía un carrito eléctrico con el que recorría la parcela antes del accidente, pero dadas las actuales circunstancias, estaba pensando en venderlo, porque veía difícil volverlo a ocupar.

—No tome decisiones apuradas, le dijo Cony. Recién lleva dos semanas desde que volvió a su casa. Déjese un espacio para la rehabilitación, es un proceso lento.

—Es que yo no veo avances, dijo con un gesto de frustración. Solo he logrado levantar el brazo derecho, pero las piernas las sigo sintiendo tan pesadas como el día que llegué. Y no logro sentarme sin desparramarme, dijo tristemente.

—Es un proceso lento, —insistió— y debe darle tiempo.

A la sesión siguiente, Cony traía ejercicios diferenciados para la mano derecha y para la izquierda. Cuando notó que Germán hacía con ímpetu los ejercicios de la mano izquierda, pero con poca energía los de la mano derecha le preguntó que por qué no ponía el mismo esfuerzo en ambas manos. Germán le contestó entre broma y en serio, para qué, si ahora voy a ser zurdo.

—Don Germán, le dijo Cony, usted ha sido diestro durante setenta y nueve años, ¿verdad?

—Sí, le contestó Germán.

—Esa mano derecha es la que talló las preciosas molduras de los marcos de las ventanas de su casa, ¿verdad? Germán asintió con la cabeza. Es la mano que le ha dado de comer y le ha permitido trabajar para lograr todo lo que tiene, ¿o me equivoco?

—Así es, le dijo Germán tratando de vislumbrar que era lo que Cony le trataba de decir.

—Pues, continuó ella, ame su mano derecha, ella le ha dado muchas satisfacciones como para que ahora usted la deje botada porque le cuesta más.

Germán se quedó en silencio, no supo que decir. La Ame, que justo estaba entrando a la habitación, se detuvo y escuchó esta última frase y también se quedó en silencio. Esta frase marcó un antes y un después en la rehabilitación de Germán. Para la sesión siguiente, había reflexionado mucho sobre lo que le había dicho Cony y le dijo: "Tienes razón, no puedo abandonar mi mano derecha porque ahora se me hace más difícil". La Ame había sido fundamental en esa reflexión y lo había impulsado a poner todo su corazón y energía en este proceso de rehabilitación. En las sesiones siguientes, fue teniendo pequeños avances que fueron alimentando esa energía y ganas de querer avanzar más. Fue soltándose y entregándose al proceso de rehabilitación. En la tercera o cuarta semana estaba llevando una cuchara o tenedor a la boca. Empezaba a poder comer solo. Dejó de tirarse para abajo y dejó de "pobretearse". Se puso más positivo en la medida que empezó a ver estos avances.

Había llegado como a las ocho de la noche a su departamento y su amiga estaba pidiendo comida china. "¿Te sumas?", le dijo a Cony, a lo que ella contestó con el pulgar hacia arriba, mientras caminaba hacia su habitación a dejar las cosas y tirarse sobre la cama a descansar un rato. Había partido su día temprano, haciendo unas compras que requería para terminar el tablero Montessori que estaba haciendo para Germán. Llevaba tres días en eso, pero le faltaban unos botones y un cierre. Finalmente, lo había terminado. Tenía botones, cierre, un sube/baja de las jaboneras, un velcro, un broche de blue jeans y unos cordones, que servían para hacer trenzas o bien para hacer la rosa que se usa para amarrar un zapato. Era muy artesanal, pero tenía varios elementos que a ella le parecían muy necesarios para que Germán practicara. Solo quería terminarlo para ver su expresión cuando llegara con el tablero. En la mañana tenía un paciente en La Florida, después otro en San Bernardo y el último de la lista era Germán, a las cuatro y media en Pirque. Llegó unos quince minutos antes y esperó un rato debido a que Germán estaba terminando la sesión de kinesioterapia. Ella entró a la habitación y le dijo:

—Le traje un regalo. Germán entrecerró los ojos y la miró con cara pensativa y le dijo:

—¿Qué nueva tortura me traes?

Paz y Ricardo se largaron a reír, mientras que la Ame lo retaba con ternura y le decía:

—Pero como dices eso, no seas malo.

—Alguna nueva tortura trae, repitió Germán, mira la cara que tiene, su sonrisa es malévola.

—Pero Germán, le dijo más fuerte la Ame preocupada, no digas eso, mientras Cony, Paz y Ricardo se mataban de la risa.

—Sí, le traigo una nueva tortura y le pasó un paquete cuidadosamente envuelto en papel kraft.

Igual que un niño chico, Germán empezó a abrir el paquete rápidamente, y su sonrisa fue quedando congelada en la medida que lo fue abriendo.

—Esto no es una tortura, es un centro de tortura, atinó a decir, mientras observaba inquietamente cada uno de los instrumentos que estaban adosados al tablero.

—¿Qué es?, preguntó la Ame.

—Un tablero Montessori contestó Cony. Ricardo y Paz observaban y hacían comentarios bajitos entre ellos, mientras asentían con la cabeza. En este tablero, continuó, hay distintos elementos de la vida diaria que van aportando a la motilidad de los dedos y de las manos. Están los botones y broches que es algo que tenemos que usar permanentemente en nuestra vestimenta. Lo mismo con los cierres y velcros. Hoy vamos a trabajar con este tablero, finalizó. La Ame la miraba asombrada y le dijo:

—Si quieres me lo dejas, así Germán puede practicar los otros días también.

—Perfecto, contestó Cony.

Se fue Ricardo y comenzó la sesión. Entre broma y broma, Germán reclamaba, pero él sabía que esto lo ayudaría muchísimo, y con su mirada agradecía a Cony las molestias que se había tomado.

El timbre sacó a Cony de sus pensamientos. Había llegado la comida china, así que se despabiló y se levantó para ir al comedor. Ahí estaba su amiga abriendo el pedido para que las dos comieran.

—¿Cómo estuvo tu día, Cony?, estabas súper cansada.

—Bien, contestó ella. Como sabes, voy a Pirque los lunes, miércoles y viernes.

—Sí, que lejos, no sé cómo no te da lata, dijo su amiga.

—No solo no me da lata, si no que me encanta ir. Es realmente un agrado hacer rehabilitación con él. En realidad, son un matrimonio extraordinario, se quieren tanto. Llevan más de cincuenta años juntos. Él es un hombre muy regalón y querible. Es una persona que no solo tiene las puertas de su casa abierta, sino que también las puertas de su alma. Yo creo que no es fácil cortar los lazos, con él. Cuando termine la rehabilitación, lo voy a extrañar muchísimo. Son el engranaje perfecto, ese amor que se tienen, esa entrega es única. Ella es una mujer extraordinaria, admirable, con mucha energía positiva para retarlo, regalonearlo y exigirle. Imagínate que cuando se dio cuenta que podía hacer cosas con las manos, lo mandó a doblar servilletas y él reclama, pero termina haciéndole caso. En esa casa me sentí acogida desde el primer minuto, con mucho cariño y hospitalidad. Lo he conversado con otras personas del equipo y en muy poco tiempo, todos les hemos ido tomando un cariño increíble. Son una pareja muy valiente y con mucho coraje. Piensa que ella tiene setenta y cuatro años, y le traen a su marido prácticamente postrado, pero ella no bajó los brazos, lo cuida y lo estimula constantemente. Para la rehabilitación de una persona hay varios factores muy importantes, primero que quiera rehabilitarse, segundo el apoyo familiar y tercero el equipo de profesionales. Aquí se cumple todo, yo creo que él va a conseguir volver a caminar.

– LOS PRIMEROS AVANCES –

Ricardo sintió vibrar su celular y vio en la pantalla que era su compañero de curso en la universidad y de trabajo en el RH. Mario lo estaba llamando porque sabía que él había hecho el ingreso y ahora se estaba dirigiendo a casa de Germán y no tenía bien claro cómo llegar. Ricardo aprovechó de contarle algunos detalles del ingreso, mientras Mario esperaba en la luz roja. Era un hombre de treinta años, deportista, seleccionado de hockey patín. Llegó a conocer la kinesiología por dentro, debido a las múltiples lesiones que había adquirido a través del deporte. Su primera intención era ser kinesiólogo deportivo, pero en el transcurso de la carrera avanzó hacia la kine neuro regenerativa. Cuando egresó, se dedicó a temas de neuro rehabilitación ligados al deporte y salud laboral. Era una persona apasionada, intensa y enamorada de la vida. En su carrera, principalmente, había visto niños con parálisis cerebral y eso lo marcó como profesional. Era una realidad muy dura, pero la intervención a través de la neuro rehabilitación podía ser muy significativa para el paciente ya que podía tener un impacto muy fuerte en la vida de las personas, y eso a él lo impresionaba de sobremanera.

Fue el primer kinesiólogo en estar con Germán después de su ingreso, por lo que lo vio postrado en la cama con toda su realidad. Apenas se podía mover, solo tenía muy leves movimientos de piernas y brazos. Antes de hacer su propia evaluación clínica, Mario se acomodó cerca de la cama y le hizo algunas preguntas, para romper el hielo y poder entrar en confianza con su paciente. No se había dado cuenta aún que él, lejos de ser tímido o corto de genio, era bastante extrovertido y de hecho Germán inmediatamente lo puso en un aprieto. Le preguntó si volvería a caminar. Mario le dijo que esa era una pregunta muy difícil de abordar y era muy aventurado dar un pronóstico, recién estaba iniciando la terapia de neuro rehabilitación. Germán insistió, quería un sí o un no; no aceptaba una respuesta a medias tintas. Mario, cuidadoso de no levantar falsas expectativas le dijo que, dado su cuadro clínico y su avanzada edad, era difícil. Pero que tenían que avanzar en la medida de lo posible. La idea era trabajar día a día en objetivos de corto plazo, que pudiera ir alcanzando. A Paz, que estaba apoyando la sesión, se le encogió el corazón cuando vio el rostro de decepción de Germán cuando escuchó estas palabras. Mas tarde le diría, voy a vender mi carrito eléctrico, ya que no voy a poder volverlo a usar. "No lo haga", le replicó ella, "recién está partiendo, todavía no sabe lo que es capaz de lograr".

Esa primera sesión fue agotadora, pero Germán lo dio todo de sí. Mario lo percibió muy analítico, desapegado y con capacidad de aceptar la realidad sea cual fuera. No lo vio desanimado, aunque por dentro tal vez lo estuviera. Ese día se dio cuenta del temple de su paciente, que daría la batalla y que remaría contra la corriente, aunque estuviera muriéndose de cansado. Se dio cuenta que no se echaría a morir y que tenía el espíritu de un luchador.

Se despidió de Germán, de la Ame y de Paz. Se subió a su auto y lo echó a andar. Mientras manejaba iba pensando en el paciente que acababa de atender. Después de verlo trabajar y del esfuerzo y empeño que colocó en cada ejercicio, empezó a pensar que tal vez sí podía llegar a caminar, y él haría todo lo que estuviera a su alcance para lograrlo.

Después de la sesión de kine con Mario, Germán aprovechó de descansar un poco. A la una, la Ame le traería puntualmente el almuerzo, para que estuviera bien para la tercera sesión de kine, que estaba agendada para las 15:30 horas. No sabían quién vendría. Pero como les habían explicado, debían confiar en todos los profesionales que fueran, ya que eran un equipo y estaban absolutamente coordinados en los objetivos a lograr.

Eran las tres de la tarde cuando llamó Manuel para avisar que estaba atascado en el cordón sanitario para entrar a Pirque por lo que iba a llegar bastante atrasado. Ya no alcanzaba a llegar a las 15:30 como estaba agendado.

—No hay problema, le contestó la Ame. Aquí estaremos y no nos vamos a mover, bromeó.

Él era un hombre de aproximadamente cuarenta años, que había llegado a la kinesiología en forma indirecta y casual, ya que no era su primera opción. Sin embargo, mientras estudiaba se enamoró de su carrera y después, en su vida profesional corroboró este sentimiento, sobre todo respecto de su especialidad que era la neuro rehabilitación. Era un hombre perseverante, ordenado, responsable, puntual. Estaba molesto consigo mismo por no haber recordado que había cordón sanitario en Pirque y eso lo estaba atrasando. Había atendido a su último paciente en La Florida y tal como lo estaba haciendo, desde que había comenzado la pandemia, había ido almorzar a su casa. Había calculado que tenía suficiente tiempo para llegar quince minutos antes, sin embargo, cuando comenzó a bajar hacia el río Maipo, se dio cuenta que había mucha congestión y que los autos avanzaban lento. Fue ahí cuando recordó muy claramente que Pirque tenía un cordón sanitario para entrar. La fiscalización era lenta, por lo que la demora era inevitable. Tenía pacientes en el área sur de Santiago en las comunas de Puente Alto, La Florida, y ahora Pirque.

Llegó cercano a las cuatro de la tarde y salió a recibirlo la Ame.

—¿Quieres un café antes de partir?, le ofreció cariñosa.

—No gracias, dijo Manuel, prefiero ver inmediatamente a don Germán, y juntos caminaron hacia la habitación.

Manuel ya sabía, por Mario y Ricardo con quien se iba a encontrar, un paciente añoso, postrado, con lesión medular y buen humor. Si bien en la ficha decía que tenía *delirium*, él ya sabía por sus colegas que Germán estaba muy lúcido y conectado con la realidad, por lo que era cooperador. Apenas llegó,

Manuel sintió su amabilidad y calidez y reconoció en él a un hombre con una gran experiencia de la vida y con mucho para entregar. A su vez, se dio cuenta que era un paciente complejo. No solo por la lesión, ni por su edad, sino que debido al temor que tenía de moverse por miedo a caer nuevamente. Germán estaba motivado y ponía todo su entusiasmo en la rehabilitación, sin embargo, este temor podía llegar a ser inhabilitante. Eso hizo que uno de los primeros objetivos que se trazaron como equipo fue lograr darle seguridad, de manera que él con confianza se entregara a la rehabilitación.

Ya habían pasado dos semanas desde que Germán había llegado y el equipo terapéutico se había enfocado, entre otros objetivos, en fortalecer su musculatura. Había ido teniendo pequeños progresos en la movilidad de sus extremidades. Cada uno de estos pequeños avances era celebrado por la Ame como si hubiese sido un gran logro y no se equivocaba, porque por muy pequeño que fuera a los ojos de cualquier persona, para Germán significaba un gran esfuerzo en tiempo y ejercitación. Había logrado mover los dedos de los pies, lo que indicaba que había espacio para rehabilitar las piernas. Después de su conversación con Cony, además de ejercitar la mano izquierda, le puso más empeño al brazo y mano derechos y así, se iban enumerando los progresos.

Eran las once de la mañana y Germán estaba atento a que luego llegara su kinesiólogo. No sabía quién, no lo había preguntado. Pero tampoco le importaba, porque sabía que su rehabilitación estaba en manos de profesionales que trabajaban en equipo y que todos juntos estaban remando para el mismo lado, en un frente común. Estaba tomándole mucho cariño a su equipo terapéutico, conversaba largo rato durante sus terapias, con algunos bromeaba más, con otros un poco menos, pero con todos se llevaba muy bien. Germán estaba completamente entregado a su rehabilitación y plenamente consciente que haría todo lo que fuera necesario para conseguir ser nuevamente independiente y autovalente. La Ame se lo merecía, él se lo merecía.

Llegó Jaime, quien desde octavo básico quería estudiar kinesiología. Su padre, un profesor de educación física y amante del deporte le había hablado de esta carrera. Estaban viendo un partido de tenis de Rolad Garros cuando uno de los tenistas se lesionó. Un profesional lo atendió inmediatamente en la cancha. Mientras la señal de televisión llevaba estas imágenes hasta la casa de Jaime, su padre le dijo que esa persona era un kinesiólogo y entonces le explicó de qué se trataba esta profesión. Tiene que ver con rehabilitar partes del cuerpo u órganos que han perdido su funcionalidad. Es una carrera nueva, salió después que yo ya había estudiado educación física. No me cabe ninguna duda que, si yo pudiera volver a estudiar, esta sería la carrera de mi elección. A Jaime le quedaron retumbando las palabras de su padre y le pareció una profesión tremendamente interesante. Sintió que apoyar de esta manera a las personas era más que un trabajo, una forma de vida y desde ese momento quiso estudiar kinesiología deportiva. Posteriormente, una vez que entró a la universidad y conoció más de la carrera, se dio cuenta que era mucho más amplia que solo la terapia asociada a lesiones deportivas. Fue así como cuando tuvo que escoger su especialidad, se fue por la neuro rehabilitación. Hizo su práctica en la Teletón y luego se convirtió en su primer trabajo, reafirmando su pasión por esta carrera y área.

No era la primera vez que venía Jaime, ya le había parecido extremadamente lejos. Entre el cordón sanitario y la distancia, sentía que no llegaba nunca. Sin embargo, la molestia del largo trayecto se vio ampliamente compensada por la belleza del lugar, la hospitalidad de la Ame, la calidez de Germán y la amabilidad de Luis. Lo sorprendió su estilo de vida tranquilo, sosegado, lejos del mundanal ruido, en un pequeño paraíso. Al igual que el resto del equipo, en su primera impresión no creyó siquiera que Germán pudiera volver a ponerse de pie. Sin embargo, su labor era poner su ciento por ciento de conocimientos, para que el paciente pusiera el otro ciento por ciento.

Era una fría y bella mañana de invierno. Estaba despejado y el sol brillaba en un cielo muy azul.

—¿Qué le parece Germán que salgamos a pasear? Está muy lindo afuera, le dijo Jaime, después de haber hecho varios ejercicios de fortalecimiento de la musculatura.

—¿Salir?, dijo Germán, dudando, ¿cómo voy a salir?

—En la silla de ruedas, dijo Jaime sin titubear, como si fuera lo más fácil del mundo.

—Perfecto, salgamos, me gusta la idea. ¿Cómo lo hacemos?

—Yo les ayudo, dijo inmediatamente Luis, quien estaba siempre prudentemente presente.

Luis fue a buscar la silla de ruedas y le pidió instrucciones a Jaime respecto a dónde ubicarla. Germán, Paz, Luis y Jaime acordaron no decirle nada a la Ame, para que no se pusiera nerviosa. Ella estaba haciendo otras cosas, aprovechando que Germán no la necesitaba porque estaba en terapia. Con mucho cuidado Jaime ayudó a Germán a incorporarse en la cama y le indicó a Luis cómo tomarlo, y entre los dos lo sentaron en la silla de ruedas que Paz tenía firmemente sujeta. Estaban en estos menesteres tan concentrados, cuando apareció la Ame por la puerta y se puso a observar qué estaban haciendo tan callados y concentrados.

—¿Qué están haciendo?, les preguntó suavemente. Los cuatro saltaron de la impresión, porque no habían notado su presencia.

—"Vamos a salir a pasear", dijo Germán con cara de niño que lo pillaron en una travesura, mirando a Jaime, dejando claro que fue su idea.

—Así es, reafirmó Jaime. El día está demasiado bonito como para desperdiciarlo acá encerrados.

—Salir, dijo la Ame nerviosa, no se les vaya a caer.

—Lo estamos afirmando con el cinturón, dijo Paz con tranquilidad, mientras asentía con la cabeza y miraba a Luis y a Jaime.

—Pero hace mucho frío, está húmedo afuera. Mírate Germán, estás muy desabrigado dijo nuevamente la Ame. Y sin pensarlo más, sacó un polar y un gorro del armario y empezó a abrigarlo rápidamente, antes que se le arrancara. Lo hizo con tanta rapidez que el gorro se lo dejó metido hasta la mitad de los ojos, lo que provocó la risa de todos los presentes, partiendo por Germán.

Jaime empujó suavemente la silla de ruedas fuera de la casa, enseñando a Luis y a la Ame, cómo debía empujarse. Se baja de espalda y se sube de frente, para darle más seguridad al paciente, les dijo. Salieron al patio empedrado y los rayos del sol cayeron sobre el rostro de Germán, iluminándolo y descubriendo una amplia sonrisa. "Qué maravilla, esto se siente de maravilla", dijo Germán poniendo su cara hacia arriba para ser acariciada profusamente por el sol. Sin más bajó ambos brazos, tomó las ruedas y empezó a empujarse en el patio empedrado bajo la atónita mirada de todos.

—Es difícil mover la silla de ruedas por estas piedras, reclamó, mientras trataba de impulsarse.

Jaime tomó la silla y le dijo "¿para dónde vamos?". Germán apuntó con la barbilla y dijo "partamos por ahí recorriendo el fundo".

La Ame los miró maravillada, y sentía que la vida corría con mucho ímpetu por las venas de su marido. Se alejaron por el camino serpenteante, mientras escuchaban a los perros como saludaban alegremente a Germán ladrando desde el canil.

Esa noche Germán descansó como nunca, había sido tanta la excitación del paseo que no quería volver a la casa. Hacía tanto tiempo, meses que no recorría su parcela, que este paseo había sido una inyección de energía directo a la vena. Quedó muy contento, y la Ame también.

Ella siempre atenta a los avances de Germán, decidió ir anotándolos en un calendario que tenía colgando en la cocina. Los grandes cuadrados con los números de los días fueron siendo adornados con lápices de distintos colores que iban registrando un nuevo avance, un nuevo logro, un nuevo progreso. De esa manera ella esperaba poder recordarlos después. En el 22 de julio quedó registrado con lápiz rojo, la primera salida en silla de ruedas, pero el 27 de julio quedó registrado con lápiz azul la primera salida en su scooter eléctrico, el que él creía que debía vender, porque nunca más lo volvería a usar. Exactamente tres semanas después de volver a la casa, con la ayuda de Jaime y de Luis se estaba sentando en el scooter. Era más complicado que la silla de ruedas, porque va sentado como en una moto pequeña, con los pies hacia delante. Además, con las manos y los dedos se debe conducir el vehículo y se aprieta el acelerador. El manejo de este vehículo, a diferencia de la silla de ruedas, era por cuenta de Germán, los demás solo podían ayudar a evitar que se cayera. Primero me caigo yo, antes de que se caiga usted, así que tranquilidad, le dijo Jaime, mientras Germán trataba de maniobrar. En un pequeño acelerón al tratar de salir, Germán choca con la puerta de entrada. "¡Devuélvete!", le dice la Ame atemorizada, pero Germán ya iba saliendo hacia el patio empedrado, frente al regocijo de los que lo acompañaban. Avanzó rápido, cruzó el patio empedrado y siguió hacia el pasto, con Jaime apenas logrando afirmarlo.

—Se arrancó, se arrancó el viejo, grito Luis, sacándoles risas a todos.

El Choco, un perro mestizo pequeño, de no más de veinticinco centímetros de altura, pelo corto, vestido con una capita de lana tejida por la Ame, tuvo el privilegio de caminar o trotar al lado del scooter de Germán, mientras los demás perros debían contentarse con saludarlo solo desde el canil.

—¿Cómo está la velocidad?, preguntó Germán.

—Excelente, dijo Jaime.

—Puedo ir más rápido, dijo Germán.

—Está bien así, dijo Jaime y con las manos hizo un ademán indicando calma, ya que veía que su paciente se estaba entusiasmando mucho. ¿Cómo siente su espalda?

—El tronco está firme, dijo con seguridad Germán.

—Solo en el pasto puede andar, agregó la Ame con un tono de instrucción.

—Mamita, también puedo andar por los caminos, reprochó Germán.

Un lápiz, donde hay un lápiz, se decía la Ame a sí misma, mientras buscaba en un cajón. Por fin había encontrado uno. Era lápiz mina, pero igual le servía, quería anotar en el día 28 de julio que Germán había logrado ponerse de pie. Había estado poco tiempo parado, pero había logrado pararse. Estaba muy emocionada, casi no podía contener la emoción. No había sido fácil llegar a este momento. Llevaba casi tres semanas de sesiones de kinesioterapia en la mañana y en la tarde, incluidos fines de semana y días festivos. Cuatro o cinco días más tarde, la Ame registró emocionada en el día dos de agosto: "Diez minutos de pie". Para lograr ponerse de pie Germán había tenido que superar, con el apoyo de todo el equipo, el temor que le provocaba volver a caerse. Para poder pararse, primero debía estar sentado en el borde de la cama, luego el kinesiólogo, de frente, abrazándolo por la cintura lo ayudaba a levantarse, dándole toda la seguridad de que no se iba a caer. Germán tenía que afirmarse del cuello del terapeuta y así permanecer por diez minutos. "Vuelvo a ser un bípedo otra vez. Veo el mundo nuevamente desde esta perspectiva", dijo alegremente Germán, mientras Paz le tomaba el tiempo y la Ame le daba apoyo en la espalda. "No se me van a doblar las rodillas, voy a aguantar", dijo con energía Germán.

– EL GRAN DESAFÍO: CAMINAR –

La novia de Ricardo también era kinesióloga y había trabajado varios años en una clínica de neuro rehabilitación para adultos. El gimnasio de la clínica estaba habilitado con todo tipo de equipos e instrumentos que permitían hacer una adecuada rutina y tratamiento a cada persona y cada situación. Ricardo, además de estudiar por su cuenta, compartía con ella todos los informes y detalles de la evolución de Germán, para aprovechar la valiosa experiencia que tenía. Así, poco a poco su novia se fue involucrando sugiriéndole ejercicios, posiciones y bibliografía para que estudiara.

Esta vez, cuando llegó Ricardo, Germán todavía estaba en la sesión de terapia ocupacional con Cony. Le quedaban unos diez minutos, por lo que la Ame le dijo:

—Te traigo por mientras un café con unas galletitas de anís que hice el fin de semana.

—Muchas gracias, contestó Ricardo asintiendo con la cabeza y la acompañó a la cocina.

Cuando volvían hacia la salita, la vista de Ricardo se fue hacia el living y reparó en una caminadora que estaba ubicada en ese lugar. Le pidió permiso a la Ame para ir a verla. "Por supuesto", le dijo ella y juntos caminaron hacia allá. Ricardo la observó, era una caminadora grande, que podría permitir acelerar la caminata de Germán. Le tomó fotos y se la envío a su novia, para que le diera su opinión. A los cinco minutos recibió la respuesta que esperaba: sí, era una muy buena opción para avanzar en la caminata. Mejor aún sería si es que tuviera un arnés que permitiera sujetar a Germán, dándole independencia en este ejercicio. Rápidamente Ricardo reenvió la foto al grupo de terapeutas, para que todos supieran que podrían contar con este excelente equipo.

Cuando salió Cony, Ricardo entró a la habitación de Germán y le preguntó cómo se encontraba.

—Agotado, dijo Germán, Cony me torturó. Me hizo tomar lentejitas con mis dedos en pinza y luego me hizo practicar mi firma. Mira y le mostró a Ricardo un papel donde con lápiz pasta estaba escrita la firma de Germán.

—Pero don Germán, qué maravilla. Ya puede firmar cheques, jajajjajjaa.

—Mmmmmm, pensándolo bien no sé si fue tan buena idea lograr hacer mi firma, bromeó.

Y rápidamente les contó a Paz y Ricardo cómo había sorprendido a Paula cuando estaba en el colegio, firmando las comunicaciones y las notas por él.

Cambiando de tema, continuó Ricardo, nos contó Manuel que con él y la ayuda de Luis dio cinco pasos. Eso es muy bueno continuó y lo felicitó.

—No, lo requete felicito, es un gran avance. Ahora cuando llegué, vi que afuera tiene una caminadora. Estuve chequeando sus características con mi novia, y ese equipo es perfecto para que usted practique caminata. Germán lo miró con cara de incredulidad. ¿Cómo pretendía hacerlo caminar sobre una correa que se movía?

—Yo creo que estás loco, le dijo y con su mano derecha giró el dedo por el lado de la cabeza dando a entender que estaba loco.

—No, no lo estoy. Va a ver que funcionará bien.

—Mmmm, está bien, lo intentaré. ¿Ustedes conocen el cuento de No quiero, No puedo y Lo intentaré?, les dijo.

—No, contestaron Ricardo y Paz al unísono.

—¿Se los cuento?

—Bueno, contestaron los dos.

Esta es la historia de tres hermanos, empezó Germán, que vivían con su mamá y su papá en un pequeño poblado. El mayor se llamaba **No Quiero**, el siguiente **No Puedo** y el más pequeñito se llamaba **Lo Intentaré**.

Un día la mamá le pidió al mayor de sus hijos que sacara una moneda que tenía guardada en lo alto del estante para comprar el pan y la respuesta de este fue "nooo, no quiero, que otro vaya"; su mamá no lo obligó y le pidió lo mismo a su segundo hijo, este dijo: "No puedo estoy ocupado, pídele a otro, yo no puedo". Ella tampoco lo obligó y decidió hacer la tarea ella misma, pero su hijo menor le dijo "mamá, yo lo intentaré solo me tienes que esperar un poco más". Así lo hizo, acercó una silla, luego puso un cajón sobre ella y con mucho cuidado se encaramó hasta sacar la moneda, fue corriendo a su mamá y se la entregó. Ella muy complacida le sonrió y le dio un tierno beso en la mejilla.

Pasaban los días y siempre era lo mismo los padres mandaban al mayor y nunca quería, mandaban al segundo y nunca podía y el más pequeño hacía todo para lograr lo que le pedían, a veces con ayuda, pero siempre terminaba su trabajo. **Lo Intentaré** siempre estaba dispuesto para lograr todo aquello que se proponía.

Llego el invierno y fueron con sus padres a vacunarse contra una enfermedad muy terrible. A **No Quiero** fue imposible vacunarlo pues lloró, pataleó y al final salió corriendo, gritando "no quieeeerooooo". A **No Puedo** tampoco lo pudieron vacunar, porque entre pataletas y llanto gritaba "no puedo, no puedo", y el papá no lo obligó. El más pequeño, **Lo Intentaré**, puso su brazo sin un gesto de dolor y la enfermera lo vacunó sin ningún problema. Al cabo de un tiempo sucedió que la enfermedad se hizo presente y **No Quiero** cayó enfermo con unas manchas en la cara y dolores de cabeza, además se le hicieron unos hoyitos en la cara que lo ponían muy feo. **No Puedo** también se enfermó y ambos estuvieron en cama mucho tiempo. **Lo Intentaré**. sin embargo, estuvo siempre sano y feliz jugando con sus amigos.

En la víspera de Navidad los tres hermanos escribieron al Viejo Pascuero, y grande fue su sorpresa cuando en noche buena encontraron en el árbol las respuestas para ellos:

"**No Quiero**, este año no llegará tu regalo porque el encargado de fabricarlo no quiere hacerlo más, lo siento mucho, el Viejito."

"**No Puedo**, este año no puedo llevarte lo que me pediste porque no pude encontrarlo, lo siento mucho, el Viejito."

"**Lo Intentaré**, como este año no pediste nada para ti me pareció bueno llevarte esta bicicleta ya que no gasté en los regalos de tus hermanos. Un abrazo, el Viejito."

Desde ese momento en adelante **No Quiero** y **No Puedo** empezaron a querer y a poder para así lograr todo lo que su pequeño hermano **Lo Intentaré** había logrado.

"Yo leí este cuento cuando era muy pequeño y estaba en el colegio. Me gustó mucho, porque me di cuenta que la actitud es muy importante al momento de querer algo o enfrentar una situación y me dije a mí mismo que yo siempre trataría de ser "**Lo intentaré**"", continuó Germán. También se los conté a mis hijos, y les dije que no había que ponerse techo, siempre había que ser **Lo Intentaré**. Paz y Ricardo lo aplaudieron y asentían con la cabeza y le dijeron que era un buen cuento, que les había gustado.

Para la sesión siguiente, Ricardo, había incorporado una rutina en la caminadora. Con apoyo de Luis y Paz, lo ayudaron a pararse y empezó a caminar. Ricardo lo tenía sostenido desde atrás para evitar que se cayera.

—No se apure tanto, no se apure tanto, espere la huincha, eeeeeso, bieeeeeen, mantenga el ritmo, uno, dos, uno, dos, vamos, uno, dos, la otra rodilla. Excelente, le decía Ricardo. La Ame registró en su calendario, veinte de septiembre, caminó con ayuda en la caminadora.

La novia de Ricardo le sugirió hacer una estructura que permitiera colgar un arnés que le diera seguridad a Germán y así poder usar más la caminadora sin tanto desgaste del kinesiólogo afirmándolo. Además, eso le va dando independencia. Ricardo se lo dijo a Germán y le encantó la idea e inmediatamente se puso a diseñarlo. Listo, cuando lo tenga, tiembla caminadora, bromeó Germán.

Germán avanzaba a pasos agigantados, cada logro era un estímulo para seguir progresando. Era un estímulo para él y para todo el equipo. Entre los kinesiólogos lo comentaban.

—Oye, el tío Germán es una máquina, hoy día hizo cuarenta parados-sentados y quería más, escribió José Luis en el WhatsApp.

—Ayer jugamos por más de quince minutos parados, tirándonos la pelota, contestó Jaime.

—¿De dónde saca tanta fuerza?, se preguntó Ricardo.

—No sé, pero es seco, contestó Mario. Hace dos días hizo treinta sentadillas, comentó Manuel.

—Pídanle que les cuente la historia de No Quiero, No Puedo y Lo Intentaré, dijo Jaime.

—A mí ya me la contó, jajajjja, rió Ricardo.

—A mí también, fueron poniendo los demás.

Ellos ya sabían que era un hombre con una perseverancia impresionante que, definitivamente, no se iba a quedar de brazos cruzados y que, a pesar de tener dolor o cansancio, se exigía más allá de sus fuerzas, porque tenía que volver a caminar.

Lejos estaban quedando los días del accidente, de la hospitalización y de la vuelta a la casa postrado. En realidad, no había pasado tanto tiempo, solo eran unos pocos meses. Sin embargo, para Germán, la Ame y Luis, habían sido días muy intensos, desde el accidente. Luis estaba sorprendido que había conocido más a su cuñada durante estos meses que en los más de cincuenta años que llevaba casada con su hermano mayor. Lo había sorprendido su fragilidad y fortaleza, su realismo y optimismo, pero por sobre todo su capacidad para entregar a Germán toda la energía necesaria para volver a ponerse de pie.

Estaba sentado en su silla de ruedas y Mario y Paz lo afirmaron por los lados para ayudarlo a pararse. Tenía el burrito en frente y Luis lo grababa en video.

—Retrocedan, todos, les dijo Germán con voz de mando y con un ademán les hizo retroceder. Luiiiis, mira, las manos arriba, dijo Germán, mostrando que no estaba afirmado a nada y estaba parado resistiendo el peso en sus propias piernas.

—Ahora camina, le dice Luis, sin dejar de grabar.

—Bien, dice Germán y se apoya en su burrito y empieza a avanzar como le habían enseñado. "Derecha, izquierda, burrito, derecha, izquierda, burrito".

Mario, quien lo iba acompañando se sintió orgulloso de lo que su paciente estaba logrando, se le notaba en la amplia sonrisa que se le marcaba en la cara. La Ame lo anotó en su calendario, era el 23 de septiembre, aproximadamente un mes y medio desde que había vuelto a la casa.

Desde que Ricardo había sugerido que hicieran un soporte para la caminadora, Germán no se quedó tranquilo. Diseñó el soporte y pidió a su hija Paula que cotizara su construcción. Día a día le preguntaba cómo iba la construcción del soporte, a lo que Paula respondía con paciencia, "ya va a llegar papá, no te preocupes". El 19 de octubre fue el día que llegó el soporte a la casa y Germán, igual que un niño chico con juguete nuevo solo quería usarlo. Paula trajo el arnés y con Luis lo instalaron desde el soporte para que estuviera listo para la próxima sesión de kinesioterapia. Manuel fue el kinesiólogo que estrenó la nueva estructura. Le ayudó a subirse a la caminadora y le ajustó el arnés. Germán apoyándose en los lados de la caminadora, comenzó a dar pasos.

—Levantando las piernas don Germán, ¿cómo se siente?

—Bien, contestó Germán.

—Sin arrastrar las piernas, bieeeeen, esoooo, dice Paz.

—¿Tratemos de caminar unos tres minutos?, dijo Manuel. Respire, bien derecho, sacando pecho, eeeeeso, don Germán.

La Ame lo miraba orgullosa y también lo apoyaba con palabras de ánimo. Caminata solo, con arnés, tres minutos, registró en su calendario. Este instrumento se convertiría en un excelente equipo para poder practicar la caminata, fortalecer musculatura, reforzar resistencia, estar erguido y cuantas cosas más. No era nada de fácil caminar.

Llegó Ricardo, le dijo la Ame, mientras abría el portón para que pudiera entrar. Hoy día en la mañana Germán caminó tres minutos en la caminadora, le contó ella, casi atragantándose con las palabras.

—Lo sé, dijo Ricardo, Manuel ya me contó e hizo un gesto bromeando respecto a que se le había adelantado.

—Entonces, ¿qué me vas a hacer practicar hoy día Ricardo?, dijo Germán.

—Vamos a hacer sentadillas explosivas, afirmándole el burrito.

—Yo ayudo a afirmar, dijo la Ame.

—Cuidado con el beso, bromeo Germán pícaramente mirando a la Ame.

—Cuidado que yo me pongo en el medio, jajajjaa, bromeó Ricardo.

—Jajjajajja. Germán mientras se paraba no pudo contener la risa, no me desequilibren, por favor, jjajaja, dijo afirmándose del burrito. Se soltó y giró la cintura. "Esta es la danza guerrera", dice moviendo levemente los brazos y con eso queda listo para hacer las sentadillas. Empieza a sentarse y pararse rítmicamente, afirmándose en el burrito.

—Paula bromea con él, si llegas a hacer diez sentadillas, te llevo a votar en el plebiscito. Y así fue.

Los clientes del Torreón del Principal, el centro de eventos que tenían Germán y la Ame, siempre destacaron en sus comentarios la calidez de sus dueños, de sus anfitriones. De hecho, ellos se preocupaban al máximo para que cada evento fuera único, una experiencia inolvidable y que estuviera absolutamente alineada con las expectativas de sus clientes. La mejor experiencia que pudieran recordar y todos sus esfuerzos estaban puestos en este objetivo. Germán ya llevaba casi cuatro meses desde que había vuelto a la casa y se sentía un agradecido de poder tener esta segunda oportunidad, no solo de vivir, si no que de rehabilitarse e ir recuperando cada vez más funciones en sus brazos y piernas. Quería agradecer a todos los que de una u otra manera habían o estaban contribuyendo a su recuperación.

Entonces organizó un asado de convivencia con todos ellos en el Torreón, y por supuesto se iba a preocupar de que la experiencia fuera única. La fecha elegida fue entre Pascua y Año Nuevo, el día 27 de diciembre. La idea tomó forma en el cortísimo plazo y él organizó inmediatamente un grupo de WhatsApp que se llamaba "carrete tío Germán" y empezó la difusión. Todos rápidamente fueron siendo agregados al grupo, TENS, kinesiólogos, enfermeras y la familia más cercana. La organización de este evento le dio una motivación extra a Germán. Quería estar en las mejores condiciones posibles para esa ocasión, para el magno evento. El cinco de noviembre grabó un saludo de invitación, caminando con su bastón en donde decía "preparándonos para el veintisiete, voy a inscribirme para jugar a la rayuela, al luche y a la pata coja, voy a llegar caminando solo, Dios mediante. Los espero a todos".

Lamentablemente, no se pudo hacer este asado, pero no porque Germán no pudiera. La pandemia del coronavirus había recrudecido en Pirque, provocando un retroceso en los permisos de la comuna, restringiéndose la movilidad de las personas y el aforo permitido para cualquier tipo de reunión. El asado fue postergado para más adelante.

Hay una fecha que ni Germán, ni la Ame olvidarán nunca, y esa es el nueve de noviembre. Cuatro meses después que Germán llegó a la casa, pudo dar varios pasos solo. Fue un hito, marcaba un antes y un después en su rehabilitación. Estaba vestido con ropa cómoda, cada vez más liviana porque los días ya estaban más cálidos. Esto le permitía mayor libertad de movimiento y se atrevió. Después de pararse y equilibrarse bien, le pidió a Mario que le dejara el burrito a un metro de distancia de él, aproximadamente. Hizo su danza guerrera, se concentró y dio un primer paso, equilibrándose bien. Luego dio un segundo paso, volviéndose a equilibrar y así avanzó hasta donde estaba el burrito. Luego Mario le alejó el burrito otro metro y Germán repitió su ritual y así avanzó varios metros. La Ame, mientras lo miraba, se emocionó hasta las lágrimas.

Habían pasado cuatro meses desde que había recibido a su marido postrado, sin embargo, después de mucho trabajar y de mucho esfuerzo, él estaba logrando caminar solo. La Ame ya sentía que, con esto, no le podía pedir nada más a la vida, era una eterna agradecida. Mario no cabía en sí de alegría, este era el señor postrado a quien él había visto poco después que había llegado a la casa y que dado los antecedentes era dudoso que volviera a caminar. Si bien este era un gran logro, Germán estaba claro que aquí no terminaba su rehabilitación. Tenía que seguir reforzando la musculatura, y ejercitando para poder tener una marcha cada vez más segura. Por lo que lejos de sentir que su tarea estaba finalizada, sintió mayor responsabilidad y energía para poder avanzar al paso siguiente, que era caminar con mayor seguridad. El techo se lo ponía él y todavía no estaba dispuesto a ponérselo. Siguió trabajando como si aún no consiguiera nada.

Ese día llegó Jaime, al que Germán le había puesto como sobrenombre "el látigo de Dios" aludiendo a lo exigente que era. A la Ame le habían salido unas protuberancias en los dedos, por lo que Paula le había pedido hora al médico. Se cruzaron con él, cuando iban saliendo. "Te lo dejamos encargado Jaime", le dijo cariñosa la Ame, cuando se subía al auto. "No se preocupen, queda en buenas manos", dijo él con cara maliciosa. Cuando ya se había alejado el ruido del motor del auto de Paula y después de haber hecho algunos ejercicios, Jaime le dijo con brillo en los ojos,

—¿Qué le parece don Germán que salgamos a pasear y quién sabe, podríamos subir el torreón?

—¿Qué me parece?, me parece fantástico. Démosle no más. Si no alcanzo a llegar arriba, nos devolvemos, nada puede pasar, ¿verdad?

Y dicho esto, los dos salieron a caminar y emprendieron rumbo hacia el torreón. Entraron silenciosamente y empezaron a subir peldaño por peldaño, unos veinticinco en total. Arriba estaba Pedro, pintando una pared. Con audífonos y concentrado en su trabajo no reparó que Germán había llegado hasta el segundo piso. Germán, con lo bromista que era, le hizo signos a Jaime que mantuvieran silencio y se asomó abruptamente, asustando a Pedro.

—Don Germán, ¿qué hace aquí?, dijo Pedro atónito frente a la aparición que tenía frente a sus narices.

—Vengo a supervisar tu trabajo, dijo seriamente Germán, explotando todos de la risa. Paz que se había quedado abajo les tomó fotografías y se las mandó por WhatsApp a la Ame, quien no podía creer que su marido había subido al segundo piso. Chequeó la fecha en su celular, estamos a 26 de noviembre, pensó. "Que no se me olvide anotarlo en mi calendario, Paula, por favor recuérdamelo".

Desde arriba del torreón, Germán tuvo una nueva perspectiva. Hace meses que no subía la escalera y menos había estado asomado en el balcón. La vista de su casa, de su parcela, de los árboles era maravillosa. La disfrutó como nunca. Estaba absorto en sus pensamientos, dando gracias por lo que estaba viviendo, cuando el comentario de Jaime lo hizo volver a la realidad.

—Está haciendo calor don Germán, ¿qué le parece si en unos días empezamos a hacer terapia acuática?, dijo apuntando con la mirada hacia la piscina que se veía de un celeste cristalino que invitaba a entrar en sus aguas.

—Yo soy de rulo, bromeó Germán como siempre. Me encantaría. ¿Cuándo lo hacemos?, preguntó, con su espíritu dispuesto a realizar el ejercicio que le indicaran como más conveniente.

—Pasado mañana me toca venir en la tarde. Voy a traer traje de baño y una rutina de ejercicios acuáticos que sea adecuada, dijo Jaime.

—Perfecto, me encanta la idea, dijo brillándole los ojos como a un niño chico al que se le estaba presentando el mejor panorama del mundo.

Dos días después, tal como lo había comprometido, Jaime llegó a ponerse traje de baño. Germán lo estaba esperando listo.

—Vamos, le dijo y fueron caminando juntos hasta la piscina.

Paz también se puso traje de baño para poder ayudar. Entraron paso a paso a la piscina, con mucho cuidado para no caerse. Una vez que el agua les llegaba un poco por sobre la cintura, Jaime y Paz liberaron a Germán para que se moviera solo. Caminó por largos minutos, sintiéndose cada vez más liviano y cómodo, estaba feliz. Hizo la rutina que le llevó Jaime. El agua le ayudaba a estabilizarse, por lo que todos los ejercicios los hizo completamente solo. Caminó hacia la derecha y hacia la izquierda, dobló las rodillas, se agachó y luego se levantó. Volvió a caminar, con los brazos sobre el agua y con los brazos bajo el agua. Nunca le había parecido tan rica su piscina.

El fin de semana siguiente, justo después de Navidad, y como siempre había sido la tradición, fueron hijos y nietos a visitar a Germán y a la Ame. Era la primera vez que se reunían todos debido a la pandemia. Tomaron las medidas que pudieron para evitar estar muy cerca de los abuelos y de esta manera protegerlos. Como siempre, fue un asado al aire libre y en la sobremesa, los nietos más pequeños, ya estaban impacientes rondando a los más grandes, que entretenidos conversando, no se daban cuenta que ellos querían empezar la entrega de regalos. Desde siempre había sido una tradición que apenas iban llegando las familias de los hijos, iban dejando, debajo de un frondoso árbol que daba abundante sombra a la terraza, sus presentes para los sobrinos. Germán y la Ame, también hacían lo propio y dejaban botas de dulces y chocolates, que colgaban navideñamente del árbol. Eran obsequios sencillos, entretenidos para los niños, la mayor parte de las veces juegos inflables o juguetes que podían usar en la piscina. Germán notó la inquietud e impaciencia de sus nietos pequeños, hizo silencio y dijo:

—Entreguemos los regalos.

La más pequeña de las nietas, con una sonrisa que cruzaba su cara, se acomodó cerca del árbol cuya base tenía el "tesoro", mientras los demás abrían las sillas para mirarla como si estuviera arriba de un escenario. Ella, a sus seis años, con gran ceremonia fue tomando cada paquete, leyendo con dificultad la etiqueta de a quién estaba destinado y entregándolo a su dueño con un abrazo. Todos esperaban que ese regalo fuera abierto, para la entrega del siguiente. Así fue avanzando el tiempo, mientras se iba achicando el número de paquetes que había en el árbol, los nietos iban abriendo sus obsequios y agradeciendo con una sonrisa, un abrazo, una mirada, a quien lo había hecho. Paula, siempre creativa, en esta ocasión había decidido regalarle calcetines con divertidos diseños a cada integrante de la familia. Los diseños no eran al azar, cada uno tenía que ver con algo característico del destinatario, por lo que todos estaban atentos a ver qué les había tocado y la mayor parte de las veces, sacaban grandes carcajadas a la apertura del paquete. Era un momento distendido, entretenido, lleno de tranquilidad y relajo. La tradición decía que después de la apertura de regalos, todos pasaban un entretenido día de piscina, donde muchas veces también se unían Germán y la Ame. Esta vez supusieron que no sería así, por lo que grande fue la sorpresa para los nietos cuando Germán dijo:

—¿Quién va a bañarse a la piscina conmigo?

Todos, desde los más grandes a los más pequeños, se dieron vuelta a mirarlo y sorprendidos empezaron a sonreír con la broma del Tata. Ayúdenme, les dijo Germán. Los nietos mayores, dubitativos, se acercaron a él y en ese momento notaron que estaba con el traje de baño puesto. Parece que el abuelo no estaba bromeando. Lo abrazaron y lo ayudaron a caminar hacia la piscina. Entraron con él al agua, lentamente por la escalera y luego lo ayudaron a equilibrarse. Para ese momento ya todos los nietos estaban metidos "chapoteando" cerca de él. La Chica y Paula, les tomaron muchas fotografías. Este había sido un año tan distinto, tan difícil, tan complicado. Ni siquiera sabían cómo iba a continuar, pero ahí estaban todos, disfrutando este momento.

Cuando se fueron quedaron Germán y la Ame solos, sentados en la terraza descansando. Había sido un día agotador, Germán solía decir bromeando: "¡Qué rico, llegaron los nietos…! ¡Qué rico, se fueron los nietos!", a lo que después agregaba unas cuantas carcajadas. Estaban conversando una taza de té y comiendo algunas cositas ricas que habían quedado. Empezaron a pensar cómo se había dado este año, venían complicados por el estallido social y después se habían tenido que encerrar por la pandemia. Luego había venido el accidente, la hospitalización y la rehabilitación. Había habido momentos de mucha tristeza, otros de tensión, de ansiedad, de esperanza, de alegría, de tranquilidad. Este año había sido una montaña rusa de emociones. Sin embargo, aquí estaban los dos, tranquilamente sentados conversando. Fue entonces cuando la Ame le preguntó:

—Viejo, ¿qué sentiste cuando te dijeron que quedarías en cama para siempre?

—No lo sé Ame, no podría describirlo, dijo él. Creo que sentí que no era yo al que le estaban diciendo eso. Siento que simplemente no lo creí. No me vi postrado para siempre en una cama. No te vi a ti cuidando para siempre a este viejo enfermo. No me vi, dejando pasar lo que me quedaba de vida, encerrado en un cuarto o a lo más saliendo con mucha dificultad. En un principio, sentí rabia conmigo mismo, de haber sido tan torpe y permitir que este accidente ocurriera y ponerte a ti en esta situación. Sin embargo, al sentir el esfuerzo y preocupación de todos alrededor mío, sobre todo por ti Ame, sentí que tenía que hacer mi mejor esfuerzo, se los debía. De verdad, no recuerdo si al principio me imaginé que podría volver a caminar. Yo creo que ni lo pensé. Pero si lo repetía muchas veces, para darme ánimo y para darte ánimo. De a poco, cuando fui viendo que cada día lograba algo nuevo, que iba corriendo la cerca, y cuánto eso te alegraba, esto se fue convirtiendo como en una droga, de la que no puedes escapar. Esperaba ansioso que llegara la hora de kinesioterapia o de terapia ocupacional, para poder hacer más de lo que me pidieran y creo que así fui convenciéndome que caminar era una real posibilidad.

– EPÍLOGO –

Era un sábado como cualquier otro. La Chica estaba en la cocina preparando el almuerzo para su familia mientras pensaba, como en pocos meses Germán logró lo que nadie creyó que iba a lograr. Después de una larga hospitalización de dos meses y medio y quedar postrado, fue teniendo pequeños avances en su recuperación. Primero, movió los dedos de los pies, luego levantó los brazos y aumentó la movilidad de las piernas. Posteriormente, logró sentarse y de a poco pudo ser más independiente al ir recuperando algunas funciones de su vida diaria, como comer y afeitarse. Después incorporó el uso del celular como forma de comunicación y pudo empezar a sentarse a trabajar en su computador. Pensaba también cómo el apoyo de su mamá, la Ame, fue fundamental. Ella le daba la fuerza, la energía para seguir adelante con las agotadoras, pesadas y dolorosas rutinas de ejercicios. También había sido una labor encomiable todo lo que había hecho el equipo de terapeutas. Ellos habían conseguido recuperar la musculatura, sentarlo al borde de cama, ayudarlo a pararse en los dos pies y darle las herramientas para poder caminar sin ayuda. Más aún, con apoyo logró, incluso, subir al segundo piso de su casa, a través de una escalera de caracol. Todo lo anterior en menos de cinco meses. Un logro increíble para una persona normal, un logro sobrehumano para un anciano de setenta y nueve años que permaneció nueve semanas hospitalizado y que entró cinco veces a pabellón en un mes.

La Chica lo tenía súper claro, sin el apoyo profesional y terapéutico de kinesioterapia, terapia ocupacional y fonoaudiología, Germán habría quedado como un anciano postrado por el resto de su vida, independiente de sus capacidades y su persistencia en tratar de recuperarse. Y eso la hacía preguntarse qué habría pasado si su papá no hubiese contado con el seguro médico catastrófico que había pagado parte de la hospitalización y completamente la rehabilitación, ya que ellos no tenían los medios necesarios para pagarlo. Había sido una relación difícil con la Isapre ya que en todo momento esta había tratado de restar beneficios y pagar el mínimo posible. Sin embargo, la Chica era peleadora, se asesoró por gente que sabía y demandó frente a la Superintendencia de Salud cuando lo consideró necesario. Había sido súper desgastador que en vez de poder concentrarse en la recuperación de su papá ciento por ciento, tenía que estar revisando cada liquidación de la Isapre y haciendo los trámites necesarios de reclamación, ya que en todas hubo prestaciones que estaban restando y que, finalmente, tuvieron que pagar. Ella se preguntaba, ¿por qué simplemente no cumplen lo que está escrito? ¿Por qué le buscan la quinta pata al gato para no pagar? Y también reflexionaba respecto de la gente menos peleadora o que no tiene las herramientas para discutirle: simplemente ellos debían aceptar y pagar, probablemente endeudándose. Era una relación muy asimétrica, el paciente era David y la Isapre era Goliat.

La Chica estaba enojada, hace dos semanas la Isapre, arbitraria y unilateralmente, le había quitado el apoyo de TENS a Germán. El informe médico era claro. Indicaba que debía seguir teniendo apoyo durante el día dado el alto riesgo de caída y así había quedado en la solicitud de prórroga realizada por la Dra. Monsalve. Es más, ella había indicado en su informe que el paciente estaba en índice Berg de 40 y cuando llegara a una puntuación de 46, lo que ella esperaba se lograra en un mes, se podía retirar el apoyo de TENS. Germán había avanzado de 0 a 40 en cuatro meses y la doctora estaba indicando que requería llegar a 46, de 56 puntos. La meta estaba al alcance de la mano, sin embargo, la Isapre, desoyendo esta solicitud e informe médico, quitó el apoyo. La Chica apeló a esa decisión, pidió que se le diera la justificación médica de ese retiro, pero hasta el momento de finalizar la escritura de este libro, más de tres meses después, la Isapre no lo había indicado.

La vibración del teléfono la sacó abruptamente de sus pensamientos. Lo tomó y miró la pantalla para ver si contestaba, para no interrumpir su labor en la cocina. Era la Ame, por lo que apretó el teléfono verde en la pantalla y dijo alegremente:

—Hola mamá, ¿cómo estás?

—Tu papá se cayó, dijo la Ame de golpe, sin saludar.

—¿Qué pasó? ¿Es mucho?, preguntó asustada.

—No sé, dijo la Ame. Se rompió la cabeza, está sangrando mucho. Estoy asustada. Ya le avisé a Paula y viene en camino. No me atrevo a moverlo.

—Mamá, déjalo ahí tranquilo. Paula va a saber qué hacer. Yo por mientras voy a llamar a RH para ver si lo llevamos a urgencia o lo atienden en la casa.

La Chica dejó lo que estaba haciendo y llamó al teléfono de emergencia del servicio de ambulancias y paramédicos que colaboraba con RH e indicó que era un paciente de RH, que había tenido una caída y necesitaba que lo evaluaran. "En veinte minutos estará la ambulancia y personal médico que atenderá a su padre", dijo una cálida voz al otro lado del teléfono. Qué bien, pensó, en veinte minutos llegan y llamó a Paula para avisarle. Mientras, con la ayuda de su hijo mayor, Paula había levantado a Germán, lo tendió en su cama y limpió la herida. Tenía un corte de aproximadamente unos tres centímetros.

Pasaron veinte, treinta, cuarenta minutos y la ambulancia no llegó. La Chica llamó nuevamente al servicio de ambulancia y la voz al otro lado le dijo que no la habían mandado aún porque no habían podido corroborar que la persona accidentada era paciente de RH.

—¿Cómo?, dijo, ¿cómo es posible que se estén demorando por eso? Sí, es paciente de RH, pero si no lo fuera tienen que atenderlo igual. No puedo creer lo que estoy escuchando.

—Señora, trató de tranquilizarla la voz al otro lado del teléfono, vamos a mandar una ambulancia, pero ustedes tienen que pagar o firmar el vale de la atención, ya que no podemos cobrárselo a RH.

—Por favor, manden la ambulancia ahora, les firmaremos el vale que pide, dijo la Chica tratando de contener la furia que sentía ya que sabía que la persona que estaba en el teléfono solo hacía su trabajo y no podía ser la receptora de su enojo.

Cuando colgó la llamada, entró una llamada de la coordinadora de RH indicando que la ambulancia debía ser pagada de manera particular, porque la atención de enfermería había sido retirada por la Isapre hace dos semanas cuando se había retirado el apoyo de TENS. Es decir, esta atención no sería cubierta por el seguro catastrófico de su papá. La Chica estaba indignada y ya no quería pensar. Después vería cómo lo abordaría. Lo importante ahora era atender a Germán.

Afortunadamente, la caída no fue grave. Se hizo un corte en la cabeza, que tuvo una sutura de cuatro puntos. La herida fue bien manejada, no se infectó, y a los diez días le retiraron los puntos sin mayores inconvenientes. Sin embargo, este nuevo accidente provocó un retroceso en el proceso de rehabilitación de Germán, debido al dolor físico en la columna provocado por la caída. Para la Chica era imposible no pensar que si la Isapre hubiese respetado lo indicado por la doctora tratante, es decir, que su papá hubiese seguido con el apoyo de TENS para evitar el riesgo de caída, este accidente no se habría producido. Esa decisión arbitraria de la Isapre y sin justificación médica, simplemente, la indignaba. El lunes tendría tiempo para pensar cómo abordaría esta nueva situación.